学校改革 5つのアクション

東京都中央区立日本橋小学校長
児玉大祐

〈目次〉

序章 「学校が崩壊する」とはどういうことか

第2章 ［アクション①］教員が子供と向き合えるようにする

第3章　［アクション②］教員の時間的・精神的なゆとりを生み出す

第4章　［アクション③］教育の質を高める

第6章　［アクション⑤］保護者・地域の期待感を高める

終章 改革は日本橋小に何をもたらしたのか

序　章

「学校が崩壊する」とはどういうことか

（日本橋小学校は）「学級崩壊が二学年で認定されています。現在、教育委員会が介在しています。学級補助員などもいますが、まったく役に立つ様な行動を取っていません。学級崩壊したクラスからの転校生が数名います」

「この（日本橋小）学校は形だけでまったく中身がない学校です。先生のあたりはずれが如実に出ているように思います。（中略）もはや誰の責任でこうなっているのかわからない状況です。この小学校に入学をされる予定の方は必ず学校公開ではない時に見られた方が良いと思います」

［引用元］https://school-navi.org/elementary-school/report/4453

これらは、掲示板（ネット）の書き込みから抜粋した日本橋小学校に対する痛烈な批判の一部です。保護者がどのように本校を見ていたのかが明快です。実際、大江戸のど真ん中、東京の中心にある日本橋小学校では、さまざまな問題が噴出していました。

連日連夜、校長室に保護者が詰めかけ、臨時保護者会が開かれる。教育委員会から派遣された指導主事が何人も学校に常駐し、学級・学校経営の支援に当たる。ネットには心ない誹謗（ひぼう）中傷が投稿される……

学校の荒れはまったく収まる兆しが見えず、書き込みのとおり他の学校へ転校していった子供もいたと言います。このような状況は、保護者を対象にした当時の学校評価（保護者アンケート）の結果にも顕著に表れています（資料1、2）。

資料1

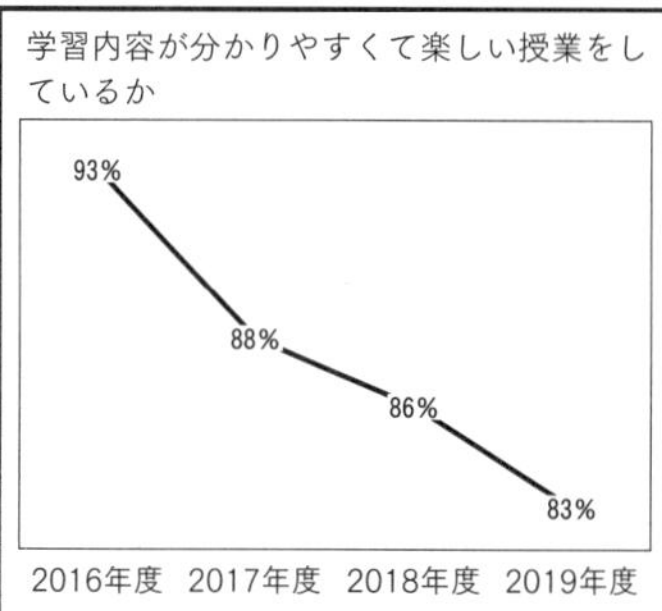

資料2

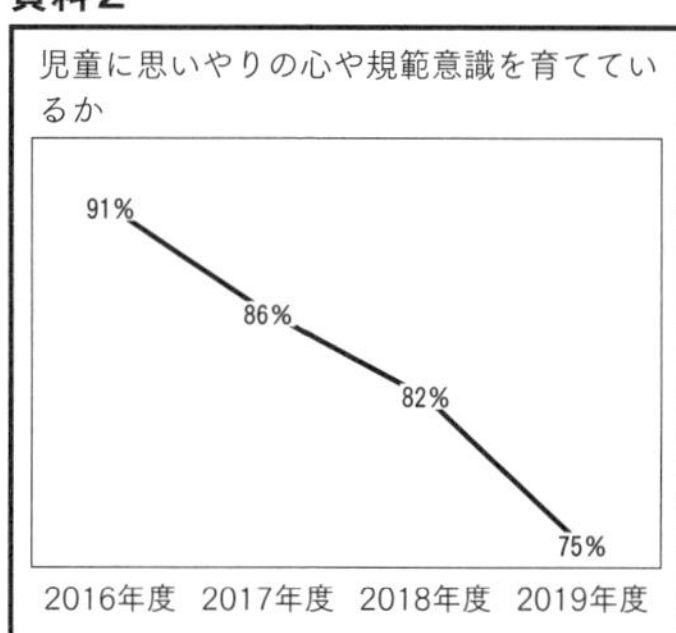

子供や保護者は一朝一夕には変わらない。教員の指導力もそう。それでも学校を立て直さなければならない。それにはどうすればいいか…。

二〇二〇年四月、教育委員会の命を受け、校長として着任した私はこの難局に挑むことになります。

以前の日本橋小学校はどのような状況だったのか

私が着任した頃の日本橋小学校は、教員が指導を繰り返しても、子供たちは言うことをまったく聞かず、授業中、好き勝手に立ち歩く光景が、日常的に見られました。ほかにも、教科書を出さずに寝ている子供、学習には関係のないマンガや図鑑を読んでいる子供、折り紙をしている子供、塾の宿題をしている子供もいました。学習とは無関係のおしゃべりも止められません。

体育の授業でも体育着に着替えない、体育館の後ろでクラスメイトと遊んでいる、気が向いたときだけ活動に参加する子供たち。

音楽の授業もひどいものでした。鍵盤ハーモニカやリコーダーを持ってこない、突然大きな音を出して授業を妨害する、授業中に廊下に出て遊んでいる子供もいました。

遅刻をする子供も多く、一時間目の授業を始められない学級もあったほどです。

授業が授業にならない、先生の言うことを聞こうとしない。真面目に授業を受けようとがんばっている多くの子供たちが、本当にかわいそうです。

教室環境も目を覆いたくなるほどです。教室や廊下の掲示物は剥がれ、廊下には体操着袋やごみが散乱していました。

このような学校では、当たり前のように子供の心はすさんでいきます。物を隠す、友達の悪口を言う、すぐに暴力を振るう、いじめとおぼしきことも日常茶飯事。

このような「荒れ」はどの学級でも同時多発的で、まさに学校全体が崩壊の危機に直面していると言っても過言ではない状態でした。

保護者と面談しても、次のような指摘を受けていました。

「うちの子の勉強は大丈夫なので、授業中はマンガでも読ませておいてください」

「子供は殴ってないと言っている。悪いのは相手の子なのではありませんか」

いずれも、うちの子は悪くない、悪いのは学校や教員だというスタンスです。

一生懸命にがんばっている子供の保護者からは、「学級が暴徒化している。うちの子を安心して通わせることができない」といった真っ当な指摘もいただきました。

このように日本橋小学校は当時、家庭と連携して解決を図れる状況にはなかったのです。

校長としての着任前、日本橋小学校は落ち着いていないという話は聞いていましたが、現実は想像を遥かに超えるものでした。いったい何から手を付ければよいものか……。

何が日本橋小学校を崩壊させたのか

教員の指導力が問題だと言ってしまえばそれまでです。身も蓋もありません。学校に配置された教員でがんばるしかないのが公立小学校の宿命ですから、先生方に責任を押し付けてしまっていては、校長として思考停止。何の解決にもなりません。

それにしてもなぜ、日本橋小学校はこのような状況になってしまったのでしょうか。私は次に挙げる三つの問題があったのだろうと分析しています。

1　特別な配慮を要する子供への対応が適切ではなかった

「合理的配慮」を都合のいいように履き違え、席を離れていても、まったく注意せずに放任・放置する、逆に発達の特性を無視して頭ごなしに怒鳴り付けるといった指導がまかり通っていたようです。

それでは、どのような教育的効果も期待できません。なぜなら、たいへんな子供を放任・放置していると、〝○○さんだけズルい！〟という周囲の子供たちの声が大きくなっていきますし、そうかといって怒鳴り付けてばかりであれば、周りでがんばっているたくさんの子供たちのやる気も削いでしまうからです。

2 暴力行為への毅然とした対応をとっていなかった

集団規律が機能しなくなると、次第に子供の暴力行為は目立つようになります。

暴力行為は、いかなる理由があっても許されません。そうであるにもかかわらず、この当たり前のことが、先生方に徹底されていなかったようです。

私が着任したときのことです。暴力行為があったというので事情を聞くと、「相手の子供が先にあおったのだから、怒るのも当然のことです。あおった子供にも問題があると思います」と口にしていた教員がいたくらいでしたから。

ほかにも、「子供なのだから、手が出てしまうことはある」とか、「叩いた子供は謝っているのだから、喧嘩両成敗でこの件は解決だ」といった指導も散見されました。「いかなる理由があっても暴力は許されない」ではなく、「理由があれば多少の暴力も致し方ない」という意識が強く、毅然とした対応とはほど遠い先生方の意識に、私は驚きを隠せませんでした。

こうした指導観のために暴力行為が助長され、加害者・被害者の保護者双方から学校が責められる状況につながっていったのだと考えられます。

3　塾通いの子供が多かった

授業に工夫がみられなかったことも、学校の「荒れ」の原因の一つだったと考えられます。ただでさえ知識を教え込む授業は面白くないというのに、低学年から学習塾に通い、学校で勉強する「内容」(コンテンツベースの「知識」)をすでに習っている子供たちにとって、日本橋小学校の授業は退屈極まりないものだったようです。授業がつまらなければ、子供たちは落ち着きを失い、それに伴って問題行動が誘発されます。

加えて、学習塾以外にも数多くの習いごとに通っており、ストレスを抱えている子供たちも多かったようです。そのような子供たちにとって学校は、まさに息抜きの場です。親から「勉強しなさい!」などとやかましく言われない学校は、まさに「遊びに行く場所」「唯一好きなように遊べるパラダイス」だと受け止めていたことでしょう。

日本橋小学校はどのような変化を遂げたのか

私はずいぶん長いこと、東京都の教育委員会で管理職を務めてきました。校長もまたそうした管理職の一つです。しかし、同じ管理職とはいえ、行政と学校とでは経営判断を行う基準やアプローチの仕方が大きく異なります。決定的に異なるのは、教員一人一人の裁量が大きく、上司の指示命令に部下が従うといった組織文化が、学校では希薄だという点です。

資料3

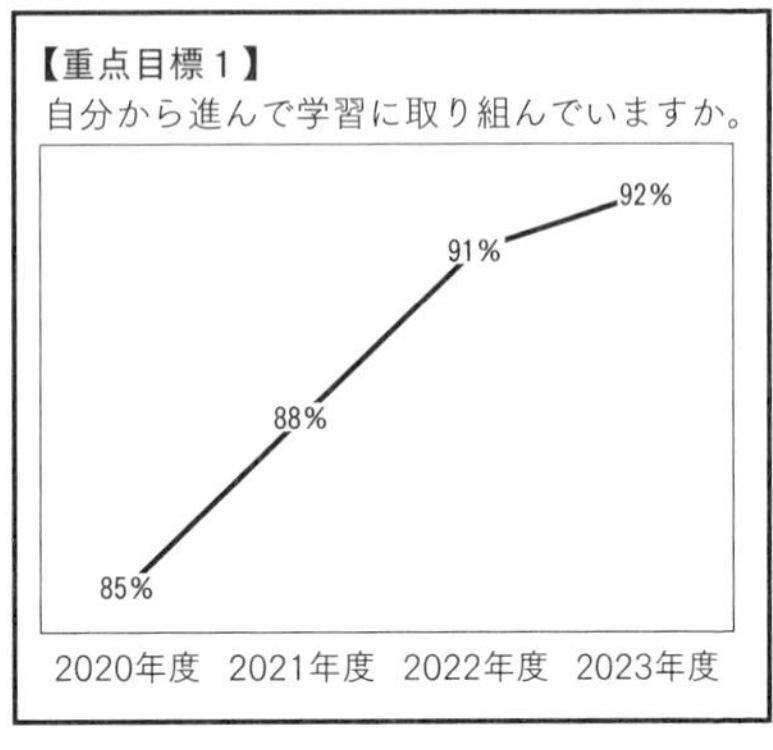

資料4

【重点目標２】
友達と一緒に仲良く遊んでいますか。
81%
95%
96%
98%
2020年度
2021年度
2022年度
2023年度

私は本校に赴任するまで、一度も校長として学校経営に携わったことがありません。つまり、一年目の新米校長だったということです。正直に言うと、校長として赴任することが決まったとき、不安な気持ちしかありませんでした。しかし、都心のど真ん中で起きている名門小学校の崩壊の危機を食い止めるために、教育委員会は私を選んだのです。

私が尊敬する上司が、「人事は期待だ」とおっしゃっていたことを思い出しました。やるしかありません。二〇二〇年四月一日、コロナ禍と時を同じくして、私は校長として日本橋小学校の門をくぐることになります。

それから月日が経ち、四年目の秋のことです。全国小学校社会科研究協議会全国研究大会の会場校となった日本橋小学校は、全国から集まった約五〇〇人もの教育関係者に対して、すべての学級の授業を公開するに至ります。

資料3〜5は、日本橋小学校の三つの重点目標に関わる「学校評価（児童アンケート）」の結果です。どの結果を見ても上昇していることがわかると思います。

本書は、この三年半の間に、日本橋小学校でどのような改革が行われたのかを記すものです。

「校長」とはどのような職なのか

日本橋小学校の改革はどのように行われていったのでしょうか。

その話を進める前にまず、「校長とはどのような職なのか」について触れておきたいと思います。熟知されている方も多いと思いますが、学校改革を推進するうえで、「校長は何ができるのか、できないことは何か」を改めて確認しておく必要があると思いますので、お付き合いください。

資料5

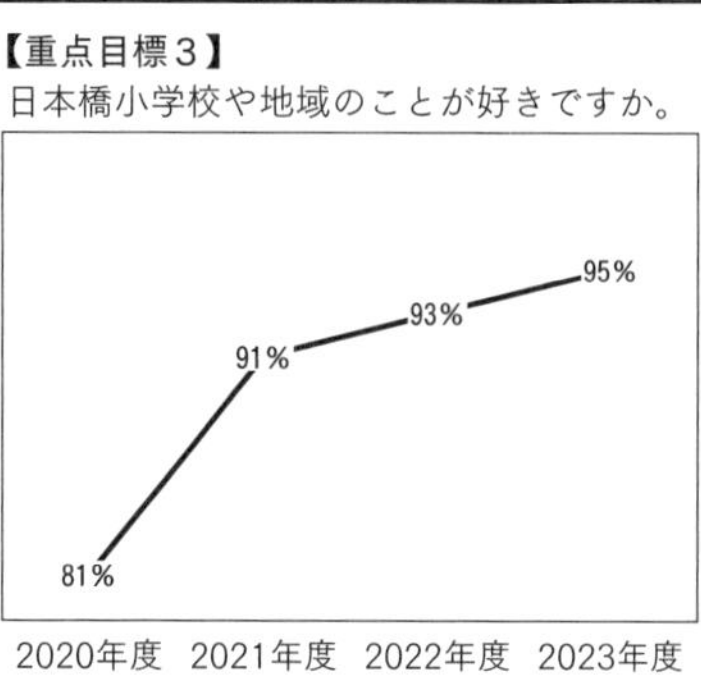

1　校長の職務命令にどれだけの効力があるのか

法令上、所属職員に対して校長は職務命令を出すことができます（地公法第三二条、学教法第三七条第四項）。そうであるにもかかわらず、この職務命令にはたいへんな難しさがあります。職務命令どおりに履行させせようとしたことで、最高裁判決にまで及んだケースがあるほどです（例：国歌斉唱に係る再雇用拒否処分取消等請求事件）。

校長が上司であることは間違いないですから、所属職員は一定の敬意と配慮を示してくれます。だからといって〝学校で一番偉い〟などと思っているわけでは必ずしもありません。校長からすると命令を出したつもりでいても、教職員からすると「参考意見」「努力目標」くらいに受け止められていることもあるのです。これは、民間企業や行政機関と大きく異なる点です。

2 校長は自分の意図どおりに教育課程を編成できるのか

校長には学校の一年間の教育計画に当たる「教育課程」を編成する権限があります（学習指導要領第1章総則第2—1）。事実そのとおりなのですが、現実には当該校を所管する教育委員会が、管理職や教務主任を対象として「教育課程説明会」を開催し、各学校が編成する教育課程に関して、詳細に指示を出すことが慣例です。

そしてもし、校長が編成した教育課程が、教育委員会の意に沿わなければ「受理しない」こともできるのです（地教行法第二一条第五項）。教育委員会そのものは合議体の機関ですが、教育長が校長の上司に当たることから、正確には教育長の指示のもとで教育委員会が管理・執行するという成り立ちです。

もちろん、自治体によってだいぶ濃淡（拘束性の程度）はあるでしょう。とはいえ、一般的には、教育委員会による指導を無視することはできず、校長はその意向を汲んで教育課程を編成することになります。

3　校長は所属職員の人事にどれだけ関与できるのか

人事についてはどうでしょうか。

校内においては、誰を何年生の担任にするとか、誰をどの主任にするといった権限はあります。しかし、この権限はあくまでも校内の分掌（学教法施行規則第四三条）であって、一般的な人事とは性質が異なります。

誰を他の学校へ転出させるとか、誰を本校の教員として配置するかなど、人事異動に関する権限は校長にはなく、都道府県もしくは政令指定都市の教育委員会が管理・執行します（地教行法第二一条第三項）。所属職員の任免その他の進退といった人事に関わることは、教育委員会に要望を「具申する」するにとどまります（地教行法第三九条）。また、校長は所属職員の業績評価を行いますが、最終評価者はやはり教育委員会です。

4　校長は予算編成・執行にどれだけ関与できるのか

予算についても、人事とほぼ同様です。

予算は教育委員会から令達されます。その令達された予算を何に使うかの判断は校長に権限がありますが、中央区は一回の支出が三〇万円を超えると、校長限りでは決めることができません。教育委員会による決裁が必要になります。つまり、わずか三〇万円以内の予算に限り、校長の専決で決裁できるということです。

5 「校長」が実質的にできることは何か

こうして見てくるだけでもわかるように、責任は大きいのに、教育課程編成、人事、予算に関し、校長は最終意思決定者ではないということです。また、定期訪問などの際に校長が教育委員会とどのようなやりとりしているか目にしている先生方にしてみれば、法令の知識はなくとも右に挙げたことを何となく感じていて、よくも悪くもヒエラルキーの弱い組織文化を後押ししているのだと思います。

さて、経営者ではなく、まるで現場監督のような校長職ですが、学校を改革するといったことが本当にできるのでしょうか。その答えはイエスです。しかも抜本的に改革することができます。それは断言できます。

そのための唯一といっていい生命線があります。それは、先生方とのコミュニケーションです。校長の目には些細なことのように思える事柄であっても、相手がどのような教員だったとしても、根気よく、粘り強く、何度も何度も話し合い、意見をぶつけ合い、丁寧に合意形成を図っていくのです。そうすれば、必ず学校をよりよい方向に改革していくことができます。

とはいえ、その改革は亀の歩みです。

民間企業や行政であればヒエラルキー構造が強固なので、上司が命令を出し、部下がその命令どおりに職務を遂行しているか管理していれば、人的・物的なリソースにもよると思いますが、改革はスピーディーに進むでしょう。それに対して、学校の改革には時間がかかります。前述したように、些細なことであっても所属職員のコンセンサスをしっかり取ったうえで着手しなければならないからです。

しかし、悪いことばかりではありません。それだけの時間と労力をかけた日々のコミュニケーションは、先生方との信頼関係や結束力を高めます。つまり、**学校は改革に要する手間暇が大きい分だけ、柔軟でモチベーションが高い組織になり得る**ということです。それこそが、学校が有する組織文化の強みなのです。

過去に、民間出身の校長が公立学校に配属された例がいくつもありましたが（学教法施行規則第二二条）、数人の校長を除いてまったく成果を出せず、長続きしませんでした。これは、右に挙げた学校経営の特殊性に原因があると思っています。そのため、本気で学校を改革しようとするならば、「学校経営は民間企業による経営や行政組織による管理・運営とは異なる難しさがある」ことを押さえておく必要があります。

学校を立て直すために、どのような手が必要だったのか

そもそも教員になろうという人は、真面目でがんばり屋さんばかりです。みな、希望に胸を膨らませてこの仕事に就いた人たちです。「教育は人なり」と言いますが、指導力という単一の物差しでは計れない「その人らしさ」が、教員一人一人にあるはずです。

こうした点に着目して取り組んだ「学校改革」が、時間的・精神的なゆとりを生み出すことで、教員が元々もっている力を最大限に発揮できるようにすることでした。

授業時数や学校行事の見直しを図り、子供一人一人と教員とが向き合える時間を一分でも多く増やすとともに、教員一人一人がしっかり授業準備を行えるようにする。こうした状況を生み出せれば、各学級が安定し、学校全体に波及するだろうと企図したのです。

取組の一部を紹介すると、次のとおりです。

●宿題を廃止し、宿題をチェックする作業から教員を解放する。
●ワークテストを廃止し、授業改善を図るとともに採点業務から教員を解放する。
●六年生と一年生の教室を同じ階のフロアに配置し、六年生の関わる力を活用することで、学校生活の規律を確かなものにする。
●複数の教員で全体指導が可能となる音楽会を毎年度実施することで、子供同士の無用なトラブルを回避する。
●一斉掃除を廃止することで、教員の目が行き届かない場所での子供同士の無用なトラブルを回避する　など。

「働き方改革」というと、真っ先に思い浮かぶのは削減や精選でしょう。そのとらえだと、増えすぎた仕事をいかに整理し、減らしていくかが焦点となります。それ自体は正しいことなのですが、それだけでは未完成です。授業がよりよくなってこそ、削減や精選に意味をもたせることができるからです。すなわち、「働き方改革」と「教育の質的な向上」はセットであり、殊に後者が「学校改革」の要となります。保護者の信頼を取り戻すためにも欠かせません。

宿題の廃止を例に挙げましょう。宿題の廃止そのものは、全国的に見て、珍しい取組ではなくなりました。しかし、宿題を廃止することによって、教育が質的に向上した事例はそう多くありません。単純に廃止した結果、軋轢を生んでしまったケースさえあります。

こうしたことから、「子供の主体的な学びを実現すること」を目的に掲げ、宿題の廃止（削減・精選）に意味や意義をもたせたわけです。これは、保護者の理解と納得を得るためだけでなく、教員一人一人の授業に対する意識改革につなげることをも意図していました。

教育の質的な向上を図る取組を通して学校を再生する

日本橋小学校が目指したのは、崩壊の危機に直面した学校の再生です。「教育の質的な向上」は、そのための手段として位置付けていました。ただし、一つ一つの改革は当たり前のことばかりです。そうした当たり前が、どのようにして学校の立て直しに寄与したのかを明文化し、全国の先生方の役立ててほしいという願いから本書を上梓しました。

本書は、疲弊した状況を打開し、子供も教員も豊かに学びを深めていける学校にするために行ったアクションを、次の5つの視点から紹介しています。

■第1章［羅針盤］学校を再生するために必要なこと
■第2章［アクション①］教員が子供と向き合えるようにする
■第3章［アクション②］教員の時間的・精神的なゆとりを生み出す
■第4章［アクション③］教育の質を高める
■第5章［アクション④］教員のマインドを変える
■第6章［アクション⑤］保護者・地域の期待感を高める

本書は、私の文章と日本橋小学校に勤務していた先生方の寄稿とで構成しています。それは、本校の改革の軌跡を多面的・多角的にとらえていただくためです。

まず最初に紹介するのは、古川教諭の寄稿です。

〈寄稿〉

「学校崩壊」と言われていた時代が、日本橋小学校にありました。

当時、私は初任者で三年生の担任でした。初任者としてはじめて受けもった学年は、前年度

「学年崩壊」を経験していた子供たちでした。始業式翌日、教室で短縄を始める子供たち、友達に対し暴言、暴力を行う子供たち。明らかに不適切な行為に対し、迷いがなく、子供たちの中で、日常化していることを感じました。

私は驚愕しました。同時に、「私と過ごすこの一年間で、この子たちに学校の本当の面白さ、楽しさを味合わせたい」と強く思ったことを覚えています。

驚愕したことといえば、ほかにもあります。

先生方の退勤時間です。はじめは、熱心で志のある先生方が多いのだと思っていました。しかし、話を聞けば聞くほど、先生方が取り組んでいる仕事は「子供にあまり関係のない仕事」であることがわかったのです。

明日の教材準備や教材理解、楽しい学習にするための教材開発。こういったことを行うのであれば、私はいくら時間を費やしてもよいと思います。本務であり、自分が好きでやっていることだからです。しかし、そうではない業務があまりにも多く、本務にたどり着けない状況なのでした。

これほどまで多くの先生方が本務ではない業務に追われて、遅くまで残っているのかと知り、半ば絶望に近い感覚を味わいました。この状況が定年まで続くのかと思うと、教員を続けていく自信をなくしそうでした。

そのような状況下で、児玉校長が日本橋小学校の校長として着任したのです。ここから、学校は大きく変化していきます。

行事の精選、一律の宿題の廃止、休み時間の延長、連休中日の休み推奨（日本橋レインボー）、朝の時間を生かしたモジュール学習（Nスタ）など、はじめは児玉校長の改革に驚きました。そのどれもが新鮮だったからです。そして何よりも本務に向き合える時間が増えたことを嬉しく思いました。

この改革の中核は「授業改善」でした。「学校で必要のないものは見直していく。面白い授業をするために、本務に集中していく」、この校長の信念が先生方を、子供たちを、そして学校を変えたのでした。

結果、日本橋小学校は落ち着きを取り戻しました。先生方も本務である授業や子供に関することを話す姿が職員室で多く見られるようになっていきました。

児玉校長の改革が進み、今では以前抱いていた「絶望」の感情は消え去りました。

「学校とはこういうものだ」という既成概念を砕き、「新しい学校」を児玉校長と一緒に創らせていただいたことに感謝しています。

元日本橋小学校教諭　古川　澪

第1章

[羅針盤]
学校を再生するために必要なこと

「一〇〇点主義」ではなく、「満点主義」で教員の力量形成を図る

「教育は人なり」

これは、私の指導観の根底にある基本的な考え方であり、先生方にとっても心にフックのかかる言葉の一つではないかと思います。どれだけ校舎が綺麗でも、充実した教材や教具が揃っていても、子供たちと真正面に向き合える教員がいなくては、学校は学び舎にはなり得ないからです。問われるのは、いつの時代も教員一人一人の質です。教育の成否は「人」で決まるのです。

しかし、すべての教員が優れた力量をもっているわけではありませんし、そうなることを期待するのも現実的ではありません。また、一口に力量と言っても、子供理解に長けた教員もいれば、ある教科等の専門性に優れた教員もいるなど多様です。事実そうなのですが、隣の芝がつい青く見えることもあります。「お隣の学校は、いい先生が多くて羨ましい限りだ」と。

仮にその学校が本当に、何らかの力学が働いて能力の高い先生ばかり集まっていたのだとしても、公教育という広い視野から見れば好ましいことではありません。その陰で、力量がおぼつかない先生方が他の学校に集まっていることになるからです。

だからこそ公立学校では、多様な教員のバランスを保ちつつ、広域的な人事異動が行われているわけですし、学校が落ち着いていようと、荒れていようと等しく、校長は配置された先生方と

資料

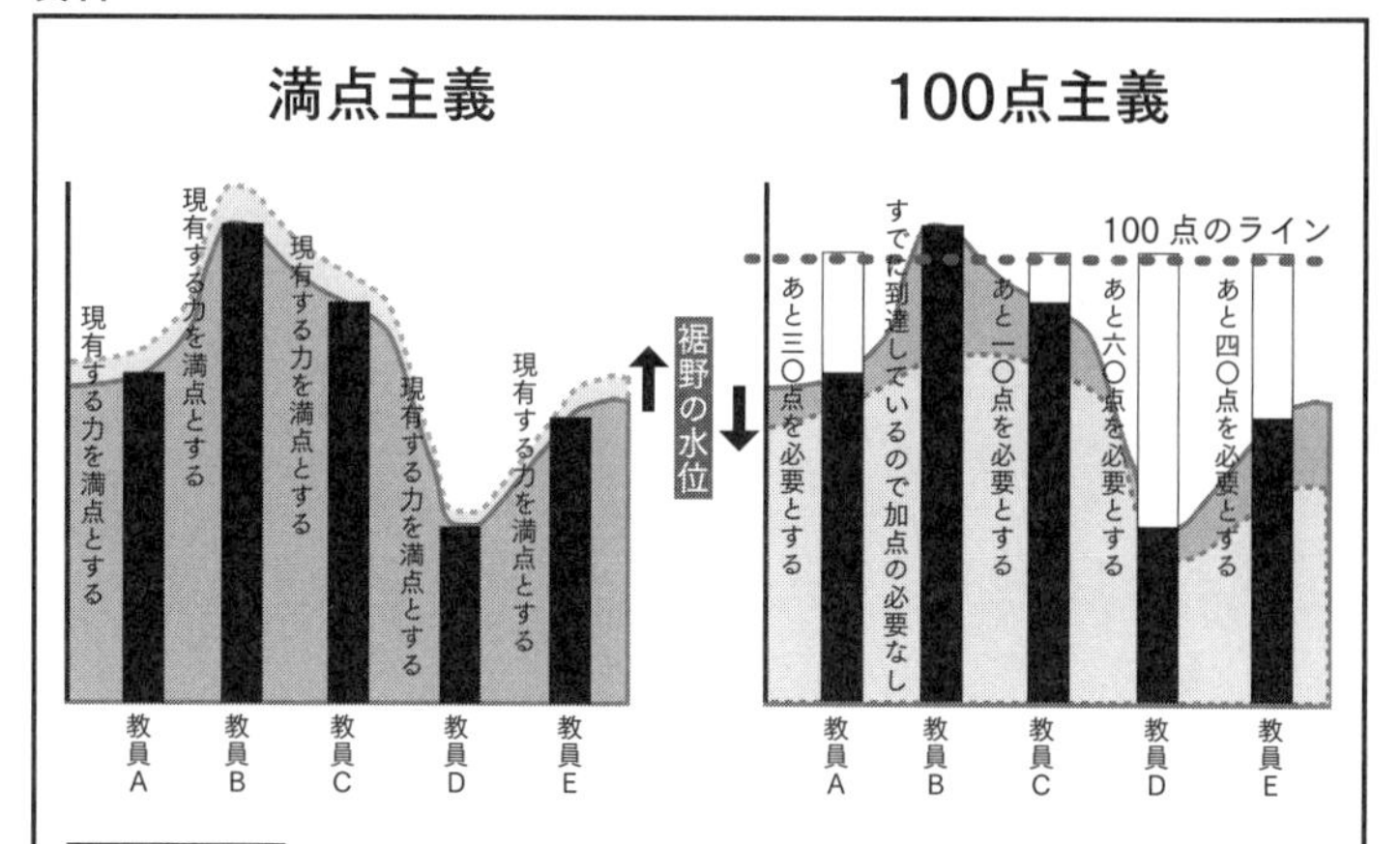

[100点主義] 教員一人一人に対して求める力量を一律とする考え方。そのため、一定期間のうちに60点上げなければならない教員もいれば、すでに100点に到達している教員が混在することになる。100点主義は「できたこと」よりも「できなかったこと」のほうに目がいく減点方式であり、力量の多寡にかかわらずモチベーションが上がりにくく、期待値よりも能力が発揮されない（全体の裾野が下がってしまう）リスクがある。

[満点主義] 教員一人一人が現有する力量をそれぞれ満点として、個々に自分自身の満点を目指すという考え方。目指すべき目標と課題は常に自分事なので、能力発揮の期待値が上がる。満点主義は「できなかったこと」よりも「できたことこと」のほうに目がいく加点方式であり、モチベーションが上がりやすく、教員間の同僚性も向上することから、期待値以上に能力が発揮される（全体の裾野が底上げされる）こともある。

ともに「少しでもよい教育」を志向していかなければなりません。

そのように考える私は、すべての教員をスーパーティーチャーにする「一〇〇点主義」ではなく、一人一人の教員が個別にもっている力を一〇〇%発揮できるようにする「満点主義」に基づいて力量形成を図ることにしました（**資料**）。この考え方であれば、教員一人一人に不自然な無理を強いることなく自己効力感を高めることができます。

日本橋小学校にも、集団づくりは苦手であるものの、子供の目の高さに合わせて姿勢を低くし、一人一人の話に真剣に耳を傾けられる教員、授業は荒削りですが、休み時間に子供たちと一緒に汗をかきながら走り回る教員、文章は拙いものの、子供たちのよさを学級通信にまとめ、毎日のように家庭に伝えている教員もいました。

そうであるにもかかわらず、どの教員も自分に自信がもてず、徒労感や疲労感に苛まれているように感じられました。それはとりもなおさず、学校全体が荒れてしまっていたからにほかなりません。子供や保護者の対応に追われ、日々の教育活動に余裕はなく、個々の先生方が本来もっているはずの力を発揮しようがなかったのです。そのため、自分たちが「できていること」よりも「できていないこと」ばかり意識せざるを得なかったのでしょう。

どの教員も「子供を育てるために教育活動を充実する」という本務に専心し、自分らしい力を一〇〇%発揮できればいいのです。なにしろ、**教員のもつ個性や人間的な魅力こそが、子供たちを育てる最良の「武器」なのです**から。

どのような校長であっても、担任の代わりはできません。校長は一人一人の先生方を信じて学級を託すしかないのです。だからこそ、校長にできること、すべきことは、先生方のやる気を引き出し、気持ちよく教員本来の業務に注力できる環境を整えることです。そうした環境は、必ずや「学校改革」の足がかりとなります。そのための「満点主義」なのです。

本来の「働き方改革」

全国の学校では、できる限り業務を削減・整理しつつ効率化を図り、少しでも残業時間を縮減することで、「学校＝ブラックな職場」というイメージを払拭しようと奮闘しています。それに対して私は、何となく違和感を覚えています。「働き方改革」そのものは必要不可欠だが、それはブラック・イメージを払拭するためだけなのか…と。

国は次のように指針を出しています。

●教員が我が国の学校教育の蓄積と向かい合って自らの授業を磨くとともに日々の生活の質や教職人生を豊かにすることで、自らの人間性や創造性を高め、子供たちに対して効果的な教育活動を行うことができるようになることです。

（傍線は筆者）

文部科学事務次官通知「学校における働き方改革に関する取組の徹底について」（平成三一年三月）

この一文に端的に表されているように、「働き方改革」は「子供たちに対して効果的な教育活動を行うことができる」ようにすることが目的です。裏を返せば、先生方の「授業を磨く」ための時間を生み出すことであり、業務の効率化、残業時間の縮減は、そのための手段だということです。

もちろん、先生方の心身の健康を害することのないよう、常に業務量に気を配り、適正化を図ることは重要です。しかし、それと「働き方改革」とは話が別。直接的に結び付けてしまうと、「仕事が減ってよかった」という段階で止まってしまい、肝心の「教育活動の充実」「授業改善」が置き去りにされてしまう危険性があるのです。

「働き方改革」という名のもとに、たとえば教材研究や校内研究を行う時間などを削り、その代償として教育の質的な低下をもたらしてしまうのであれば本末転倒です。業務を減らすことにとどまる「働き方改革」では意味がないのです。

「働き方改革」の成否を決めるのは、次の事柄です。

- 教員本来の業務である授業づくりや研究・研修に注力できる時間的なゆとりを生み出すことができたか。
- 教員同士が切磋琢磨し合える精神的なゆとりを生み出すことができたか。
- 時間的・精神的なゆとりのもとで教員一人一人がやりがいをもち、本来の業務に専念し、その結果として教育の質的な向上を図ることができたか。

「ワーク」の充実は、「ライフ」の充実

学校においても、ワーク・ライフ・バランスという言葉を耳にするようになりました。理念としてはとても大切なことなのですが、まるで「ワークが豊かなライフが阻害している」といったニュアンスが含まれているように感じられてしまうのです。

一日は二四時間、睡眠や食事などの時間を除けば、仕事をもつ私たちの活動時間は、およそ一二〜一六時間といったところでしょうか。そのうちの八時間以上は、ワークの時間です。つまり一日の多くの時間をワークに充てているわけです。

もし、一日の時間をワークとライフと単純に二つに分けて考えるのであれば、確かに「ワークが増えればライフの時間が減る」というとらえになるでしょう。しかし、はたしてワークをライフから切り離して考えることは適切なのでしょうか。

私見を述べれば、「ワークが充実してこそ豊かなライフがある。なぜならば、ワークはライフを構成する大切な要素だからだ」ととらえるほうが、豊かな人生を歩むうえで賢明であるように思います。ワークとライフは切り離せず、大きく重なっているのです。もしワークが充実していなければ、私たちの人生も充実せず、豊かではなくなってしまうことになります。

このように言うと、どこからか「だから、ワークの時間を減らして、ライフの時間を増やすべ

きだ」という声が聞こえてきそうです。しかし、「ワークは少なければ少ないほうがよい」という考えである限り、たとえワークの時間がどれだけ減ったとしても、その時間はずっと苦痛なままだということになります。こうした考えから、「ワーク」すなわち「働き方」の質を高めていくことが、とても大切だと思うのです。

「負担感」を減らす

1 「負担感」は心が決めるもの

「負担感」はあくまでその人の感じ方であって、業務量が適正か否かは別の問題です。たとえ業務量が多くても負担だと感じないことがありますし、業務量が少なくても感じることがあります。この差はどこからくるのでしょうか。

端的に言えば、「やりがい」や「達成感」を感じられるかにあります。その業務が教員である自分にとって、子供たちにとって「意味や意義がある」と思える業務であれば、教員は誰に言われるともなしに熱意を燃やし、時間を忘れて没頭します。

言い換えれば、**ある業務に対して「負担感」を覚えるのは、その業務が面白くないからです**。

このようなところにも、「働き方改革」で言われがちな誤解があります。いくら業務量を減らすことができたとしても、その少なくなった業務の意味を相変わらず見いだせていなければ、先生方の負担感は消えないからです。

それともう一つ、先生方が「負担感」を覚える要因があります。それは、分掌する業務の偏りです。

校長としては、力があると判断される教員に重要な業務を振ります。それ自体は必要なことなのですが、つい「あれもこれも」となってしまいがちです。そうすると、業務を振られた教員からすれば、〝自分ばかり仕事が多くて不公平だ〟と感じ、それが負担感となります。

そうかといって、業務の割り振りを平等にしたとしても負担感は解消しません。割り振られた業務を遂行できる力がまだ身に付いていない教員にとって、その業務自体が負担となるからです。やがてやる気を失い、元々もっている力さえも発揮しようとしなくなることもあります。

このように、**負担感というものは、人の心が決めるもので、単純に業務量を減らせばなくなる、平等に割り振ったらなくなるものではない**ということです。

こうしたことから、校長として目を向けるべきは次に挙げる事柄です。

- ●学校が抱えている「課題」を先生方全員で共有する。
- ●先生方一人一人が当事者意識をもって「課題」の解決に向かって行動できるようにする。
- ●全体の業務量や校務分掌の適正化を図りつつも、先生方が面白いと思える（意味や意義、やりがいや達成感を感じられる）業務となるように工夫する。

2　早く帰ることもプロ教員の大切な仕事

これまで述べてきたように、教員相互の「力」の差は簡単には埋められるものではありません。だからこそ、一人一人の教員が、自分のもてる力を一〇〇％出し切れるようにする環境づくりが不可欠なのです。そのためには、本来やるべき業務、やりたいと思っている業務に専念できるようにすることです。

ただし、いくらやりがいがあったとしても心身の健康を害してしまうのであれば身も蓋もありません。そう考える私は先生方に対して常々、「早く帰り、しっかり栄養をとって、早く寝ることも、教員の大切な仕事です。この大切な仕事を怠らないでくださいね」と伝えていました。

どれだけ優秀な教員であっても、体調が悪ければ、いい授業を行うことはできません。逆に、**教職経験が少ない教員であったとしても、いつも元気に満ち溢れ、笑顔で生き生きと授業をしているほうがうまくいく**ことも少なくないのです。特に小学校ではそうです。子供たちの前に立つ教員が健康で、朗らかで、元気いっぱいであることが、いい学級をつくるベースになるからです。

これまで述べてきたことと矛盾するようですが、教材研究にせよ何にせよ、時間をかけた分だけ授業がよくなるとは限りません。むしろかけた時間の分だけ、自分の伝えたいことが増えすぎてしまい、教員ばかり話をする授業にしてしまうこともあるのです。

そもそも授業改善に終わりはありません。どこまでやってもきりがないものです。だからこそ、どこかで区切りを付けて退勤する見極めをもつことも、教員の大切な力量です。それに、さっさと家に帰り、お風呂にゆったり浸かっているときに、ふと面白い授業アイディアが浮かんだりするものです。

加えて、授業に自信がもてない若い教員が遅くまで学校に残る傾向もあります。その結果、体力が一番ありそうな若い教員ほど体調を崩しやすいとも言えます。

殊に小学校では、若さはアドバンテージです。休み時間に子供たちと一緒に、全力で遊んでいることで授業がうまくいくという側面もあります。子供たちは一緒に遊んでくれる先生が大好きですから、若い教員の拙い授業を子供たちが支えてくれるのです。こうしたアドバンテージをフルに生かすためにも、特に若い先生方に対しては「早く帰って早く寝ることも大切な授業準備である」と指導しているのです。

学校改革の本丸は「授業」

一人の教員が年間に受けもつ授業時間は、およそ一〇〇〇時間にもなりますから、先生方一人一人の授業のよし悪しが学校の命運を握っていると考えるのは自然な見方でしょう。

そしてこの「授業」というものは不思議なもので、生活指導上の諸問題とも密接にかかわっています。言い換えれば、「いくら手厚く生活指導を行っていても、授業が面白くなければ学級は荒れやすく、逆に一人一人の子供を大切にした授業をしていれば、たいして生活指導に力を入れていなくても学級が荒れにくい」という相関があるのです。

この点を学校改革に置き換えれば、**学校を再生する最大の近道は、一つ一つの学級の授業を、子供たちが面白いと思えるようにすることに尽きる**ということです。

ただし、言うは易く行うは難しで、一人一人の教員が「面白い授業」を行えるようになるのは至難の業です。加えて、どのような授業であれば「面白い」とみなされるのかは、子供たちの実態によっても変化します。

本校の場合であれば、学習塾に通っている子供が多く、知識レベルでの学力が比較的高いという実態があります。そのため、教科書に書いてあることを丁寧になぞるような授業だと、〝そんなの、もう知っている〟と言わんばかりにみなそっぽを向いてしまいます。のみならず、〝学校の勉強は意味がない〟などと軽視するようになり、授業はおろか学校全体の教育活動にまで支障を来すようになります。

それともう一つ、「授業が面白くない」と子供に思わせてしまう原因として、「授業中、教員が子供と向き合っていない」ということが挙げられます。

〝子供と向き合わずに、授業ができるの？〟と不思議に思う方もいることでしょう。しかし、そうした教員は一定数おり、彼らに共通する特徴的なぼやきがあります。それは、「忙しすぎて、子供とちゃんと向き合う時間がない」です。こうした教員は無意識に、子供と向き合うのは授業以外の時間だと思い込んでいます。つまり、授業で子供と向き合っているという認識が薄いのです。

視界には子供の姿が映っているようでいて自覚的に見えていない授業、すなわち学習者不在の授業を、子供が面白いなどと思うはずがありません。だからこそ、授業を通じて一人一人の子供を見取り、支援し、伸ばしていける環境をつくることが必要なのです。

研究授業を引き受けることの価値

授業づくりにゴールはありませんから、ときに時間を忘れ、夜遅くまで教材研究に没頭することもあるでしょう。校長としては悩ましいところで、そのような教員の姿を温かく見守りながらも、少しでも早く退勤するよう促さなければなりません。

とはいえ、重視すべきは、時間の長短ではなく、時間の使い方、中身です。

「働き方改革」が叫ばれる今日、「校内研修」に充てる時間を縮減しようという声もあると聞きますが、「研究と修養」は授業と並ぶ教員の重要な本務です（教特法第二一条、第二二条）。この「研究と修養」を行う主要な場が校内研修であり、勤務時間に行える教員の権利です。けっして安易に縮減されてよいものではありません。

第一義的には、教員自身が自分の授業を振り返り、課題を見付け、課題解決に向けて授業改善を図ることです。しかし、教員一人にできることは限られています。自分の授業を客観的にとらえるのはとても難しいからです。だからこそ、自分の授業を他者に見てもらう機会が必要なのです。

研究授業をはじめとして、各学校が授業を公開する機会をつくっているのは、先生方の授業力向上を期してのことです。他者に授業を見てもらい、気付いたことを指摘してもらうことを通して新たな課題や展望が生まれるからです。

そのような研究授業ですが、この貴重な機会を得ることに消極的な教員は少なくないようです。「私は子育てがあるのでちょっと…」とか、「校内で○○主任になっているので忙しくて…」「研究授業の翌週に、運動会があるから…」などと、いろいろな理由をつけて引き受けようとしないのです。実際、これまで数多くの研究会に参加してきましたが、なかなか引き受け手が見付からない、あるいはいつも決まった教員ばかりだといった話を聞きます。

確かに研究授業に要する労力は並大抵のものではありません。しかし授業時間を考えれば、年間一〇〇〇時間の授業のうちのわずか〇・一%にすぎません。その〇・一%で自分の授業をよりよいものにできる確度が上がるわけですから、やはり「研究授業はいいこと尽くめ」なのです。

問題の未然防止に全力投球

今、何か問題が起きているのであれば、平素の業務をいったん脇に追いやり、目の前の問題解決を図らなければならないのが学校です。ただしそれは、あくまでも「対処」「対応」であって、学校が担うべき「教育」ではありません。

毎日のように「対処」「対応」に追われていると、悲しいことに、崩壊している状況からは抜け出せません。確かに個別対応そのものは必要ですが、最も重視すべきは教育によって問題が起きにくい状況をつくることです。

1 なぜ、子供の暴力の根を絶つことができないのか

学校では、道徳教育や人権教育を通して、子供たちの思いやりの心を育てます。不快な目に遭ったとしても暴力に訴えることなく、言葉で自分の気持ちを伝えることを繰り返し指導します。時には法教育を通して、暴力行為が犯罪であることを教えることもあるでしょう。

しかし、そうでありながら、クラスメイトを殴ったり、蹴ったりしてケガを負わせてしまうこともあります。そうなれば、躊躇なく一一〇番通報しなければならないこともありますし、そこまでしないまでも、家庭や警察と連携して「対処」、毅然とした「対応」が必要となります。

つまり、暴力行為をはじめとする犯罪行為が、ひとたび起きてしまえば、学校における「教育」は出番を失ってしまうのです。だからこそ、あらゆる教育的なアプローチを駆使し、学校は犯罪行為に走らない子供を育てなければならないのです。

とても当たり前のことなのですが、以前の日本橋小学校では、先生方に対してこの基本的な考

え方を徹底する必要がありました。校内で暴力行為が起きても、犯罪行為として「対処」「対応」しようとはせず、教育的に解決しようとする先生方が多かったからです。

その根底には、「暴力を振るうことは悪いことだが、振るわれる子供のほうにも原因がある」「子供は未熟な存在だから、自制が効かず、手が出てしまうことがあるのは致し方ない」という誤った認識があります。

この危険な考えをもっていると、被害を受けた子供に対して加害の子供に謝罪させることで、安易に解決を図ろうとします。それでうまく事が収まることもあるでしょうが、その成功体験が、後々の取り返しのつかない失敗につながってしまうのが学校です。

公立学校は、子供を教育する場です。警察機構のように事件を詳らかにしたり、裁判所のように裁定を下したりする場ではありません。そうであるにもかかわらず、事実確認と称して警察官のように子供から聞き取りを行い、裁判官のように「あなたが悪い」「謝りなさい」と裁定してしまう。

この属人的、非民主的で、誤った教育的解決は、犯罪であるはずの暴力行為を曖昧にし、期せずして隠蔽する結果を誘発します。そして結局は、加害者と被害者双方からの信頼を失い、学校への不信感を募らせてしまうのです。

2 暴力行為に対しては毅然とした態度で臨み、保護者に対しては粘り強く対話する

実際、日本橋小学校では、子供たちの暴力行為に対して「理由を問わず、絶対にいけない、許さない」といった毅然とした態度で臨もうとしない教員が少なからずいました。それでは、暴力行為は絶対になくなりません。のみならず、いじめや不登校といった問題行動を助長します。

心のどこかで「暴力行為が起きてしまうのも致し方ない」などと容認している教員であれば、「子供同士の喧嘩程度で、子供を引き取りに来てほしい」と保護者に依頼したり、警察に連絡したりするのは、保護者からの反発を怖れて、あるいは面倒に思って嫌がることでしょう。

しかし、暴力行為は、程度の差で良し悪しを判断するものではありません。どのような場合にも悪いのです。そこで私はまず、日本橋小学校から暴力行為を誘発する先生方の認識を一掃することにしました。事あるごとに「暴力行為は理由や程度、年齢を問わず犯罪であり、絶対に許されない行為であること」、どのような場合にも例外などはなく「毅然とした態度で臨まなければならないこと」を徹底したのです。

保護者に対してもそうです。

「うちの子がAさんを叩いたのは、何か理由があるはずだ。その理由も聞かずに一方的にうちの子だけを指導するとは何事だ」などと主張する保護者と向き合っていましたが、私は絶対に引かず、「理由さえあれば相手を叩いていいことにはならない」と粘り強く説得しました。

時間はかかりましたが、少しずつ暴力行為が起きなくなっていきます。それにつれて、暴力行

為が絶えなかった子供だけでなく、暴力行為におびえる子供、傍観しながらも心を痛める子供も落ち着きを見せるようになっていったのです。

3 築城三年、落城三日

学校の荒れへの対応も、学級の荒れへの対応も、本質は同じです。いかに未然に防止できるか、仮に起きたとしても早期に発見し迅速に手を打つかです。ひとたび荒れてしまえば後手に回り、受け身の対応しか取れなくなります。

問題の早期発見は、校内を回りながら、各教室の空気を感じ取ることに尽きます。それも校長だけではだめです。副校長をはじめ、一人でも多くの先生方が校内を歩いて回ることです。

「教室の空気を感じ取る」とは、子供の表情、教員の声のすべてを感じることです。とても抽象的かもしれませんが、これ以上適切な表現が見当たりません。この「空気」を感じ取るセンサーがどれくらい研ぎ澄まされているかに、学校再生はかかっています。

教室の「空気」は、刻一刻と変化します。午前中と午後とでも驚くほど変わっていることもあります。そのため、「週に一度は校内を見て回ろう」ではだめです。「毎日一回は見て回ろう」でも足りません。時間が許す限り、「毎日、何度でも見て回る」ことです。実際、私自身一日に何度も校内を見て回っています。

そしてもし何か違和感を覚えたら、担任に意見を求めるとともに、周囲の先生方の考えにも耳を傾け、見過ごすわけにはいかないと判断したら、迅速にサポート体制を構築します。

ある学級で集団規律にほころびが出はじめていることに気付いたときのことです。翌週には、隣の学級担任との交換授業の回数を二倍にするとともに、それでも落ち着かない場合に備え、講師の先生の協力のもとで二学級三展開での少人数指導体制を組みました。それと並行して、特に気になる子供の保護者との面談を行うとともに、支援を要する子供を一時的に他の学級へ移動する「学年留学」を実施しました。

ここまでするのは、学級が崩れてしまってから立て直すとなると、とてつもない時間と労力を必要とするからです。崩れそうな予兆があったらサポート体制を築いて手を打つ。

万事、その調子でしたから、出張などにもおちおち出られません。「築城三年、落城三日」と言うくらいです。崩れるときはあっという間です。

前述したように、私は原則として、教員自身がもてる力を一〇〇％出し切る「満点主義」の立場に立つ管理職ですが、サポートが必要と判断したときは躊躇なく組織力でカバーすることに注力します。未然防止に勝るものはないからです。

加えて、子供の生活指導に関わるリスクを可能な限り最小限にする、または回避する教育環境を整えなければなりません。学級を編制する際に、誰と誰を同じクラスにするのか、あるいはしないのか、時間をかけて熟慮するのと同じです。

指導体制や教室配置など、ちょっとした工夫を凝らすだけでも、子供同士の無用なトラブルを避けることができます。教育活動を行うときもそうで、充実を期す大前提としてリスク回避を第一に考えます。

4　教室環境の乱れを見逃さない

子供たちがみな下校した放課後の教室を見ると、その学級の状況が手に取るようにわかると言います。机が乱れていたりごみが落ちていたりする、ロッカーから物が飛び出している、学級図書がきれいに並べられていない、掲示物が外れたままになっている、電気が点けたままになっている……。こうしたことが見受けられれば、その学級はすでに危険水域に達しているとみなすことができます。

では、どのようなときに教室環境は乱れるのでしょうか。

その原因は、三つ考えられます。

一つ目は、教員の指示が子供たち全体に行き届いていない、受け止めてもらえていないこと。一事が万事です。教室内の整理整頓ができていない学級は、何事にもメリハリがなく、落ち着かない様子を暗示する典型です。

二つ目は、子供たちにとって教室が自分たちの居場所になっていない、安心感をもって過ごせていない、愛着をもっていないこと。それとは反対に、教室が自分たちにとって大切な場所になっていると、ごみが落ちていれば気付いた子が拾います。

三つ目は、公共心、公徳心が育っていないこと。

教室は、クラスメイトと共に生活している公共の場です。その教室が乱れているということは、集団生活・社会生活の基本的なマナーやルールが身に付いていないということです。

教室の乱れは、子供たちがみな下校した放課後に、教員が掃除をして綺麗しておけば済むというものではありません。いくら汚しても翌日には綺麗になっているのであれば、子供たちは自分たちの力で教室を居心地のよい場所にしようとは思わなくなります。

教室という一つところに集まり、誰もが過ごしやすいと感じられるようになるには、規範意識の育成が欠かせないのです。

限られたリソース（経営資源）の「選択と集中」

1　なぜ「選択と集中」が必要なのか

ムリ・ムダ・ムラのある校務を整理したり、教育効果が疑問視される教育活動を見直したりすることで、先生方の時間的・精神的なゆとりを生み出すことが、日本橋小学校における「働き方改革」のベースです。しかし、それだけでは不十分。量的な削減・縮減は、「教育サービスが低下してしまうのではないか」などと保護者や地域住民に不安感を与えてしまうからです。

例えば、学校行事を精選するだけでも、「それって、先生方が楽をしたいだけですよね」といった声があがります。子供たちの教育活動を充実するために先生方の時間的・精神的なゆとりを生み出すことが、保護者・地域の目には「楽をしている」姿に映ってしまうこともあるのです。実際、教育活動の量を減らすことについては、なかなか納得を得られません。そうした保護者の意識の背景には、皮肉なことに学校の功罪があります。

これまで学校は、〝子供たちのためになることであれば…〟という善意から、数多くのことを引き受けてきました。その結果、本来であれば学校が担うべきことではない事柄も含めて、保護者・地域は「それは学校がやるべきことだ」と認識するようになってしまい、先生方が朝からトイレに行く暇ないくらい校内を走り回っても追いつかないくらい業務が肥大化してしまったのです。

こうしたことが学校の教育力の維持を難しくしているのであり、現状を打開すべく私が打った手の一つが、教育活動における「選択と集中」です。

2 「選択と集中」で教育の質を向上

日本橋小学校では、現在運動会と称する学校行事はなく、「スポーツ・フェスティバル」に改めています。種目は「全員リレー」と「表現」の二つのみ。「選択と集中」です。これは単に名称を変更し、種目数を減らしたという取組ではありません。

これまでは、教員も子供も「何のためにその種目を行うのかわからない」まま、ただひたすらこなすだけの種目になっていました。それでは、運動会を行う価値を見いだせず、教育的効果を期すことはできません。そこで、種目を「全員リレー」と「表現」だけに絞り込み、集中的に指導できるようにしたのです。

ただし、ただ種目数を減らすだけでは保護者・地域からの誤解を招くおそれがあります。そこで、「スポーツ・フェスティバル」を新たに立ち上げ、新たな価値付けを行うことにしました。

そのおかげで、「全員リレー」であれば、全校でリレーに特化した指導が可能となりました。加えて、一年生から六年生まで系統的に指導できるようになり、子供たちの走り方、バトンの渡し方などがどんどん上達していきました。「表現」は、子供たちが自分たちでダンスの曲や振り付けを考えはじめるなど、従来の「やらされるダンスから、自分たちがやりたいダンスへ」とシフトしていきました。まさに教育の質が向上したのです。

「学芸会」「展覧会」についても、「選択と集中」です。

本校では、「学芸会」を「ミュージック・フェスティバル」に改めています。そうすることで、子供たちは音楽のもつ素晴らしさを学べる行事となり、子供たちの演奏を聴きながら涙ぐむ保護者をはじめとして、見る人、聴く人、全員を魅了するにまで至っています。「ミュージック・フェスティバル」を打ち出した当初は、「学芸会をやってほしい」といった声もありましたが、現在ではすっかり聞かれなくなりました。

本章で紹介する最後の「選択と集中」は、授業時数の縮減です。

指導書などに「本単元は八時間構成」などと書かれていれば、そうしないといけないと先生方は思い込みがちです。しかし指導書は、自分たちが受けもつ子供たちの学習状況を踏まえたものではありません。あくまでも目安です。

もし五時間くらいにしたほうが、目の前の子供たちにとってメリハリのある学習になるのだとしたら、三時間分を消化するために授業を引き延ばすことになります。それではかえって教育効果を減じてしまうことでしょう。逆に、一〇時間にしたほうが教育効果を期待できる場合もありますから、重視すべきは常に、目の前の子供たちの学習状況です。

そこで、全教科等の指導計画を見直し、メリハリのある単元づくりに努め、可能な限り「標準授業時数」（学校教育法施行規則別表第1）に近付けたのです。

それと並行して、社会科の研究指定を受け、来るべき全国大会を見据えて地域教材を開発したり、子供たちが主体的に「問い」を追究できる教材提示を工夫したりする授業づくりに邁進しました。全校を挙げて一時間一時間の授業の質を高める研究を進めていったのです。

こうした取組を経て、後に行ったアンケート調査では、「自分から進んで学習に取り組んでいますか？」という質問に対して肯定的な回答が九〇％を超えるまでに至ります。

いずれの取組も、**学校行事や授業時数などの「量」を減らすことによって、教育の「質」の向上をねらったものであり、教育内容・活動を「選択」し、教員の限られた力を「集中」した結果**だと考えられます。

一〇回の電話より、一回の面談

本校の地域は、昔から教育熱心です。実際、子供への愛情も厚く、大切に育てられていると感じます。そのため、学校への期待も大きく、ひとたび舵取りを間違えると、裏切られたとばかりに不満感が募ります。

加えて、そうした不満が募り続けたせいで、本校は常に不信の目で見られてきました。学校への要望もネガティブなスタンスで行われることが多く、そのたびに教員が対応に追われていたのですが、その割には保護者の信頼を回復できずにいました。

そうした状況を見た私は、先生方に対して一貫し、「保護者に対応するときには、電話ではなく、直接会って話をするように。一〇回の電話より一回の面談のほうが解決への近道になりますよ」と繰り返し伝えていました。

電話は確かに便利です。相手の顔が見えない分だけ気楽ですし、自分にとって不都合な状況になれば適当な理由をつけて切ることもできます。そうであるがゆえに、相手と信頼関係を構築するツールとしては不向きです。クレーム対応であれば、相手の怒りに余計な火を注いでしまうこともあります。こうしたことから、電話というツールを使うのは、予定（日時や場所）などを伝える事務連絡に留めるべきだと指導していたのです。

もちろん、直接会って話をしさえすれば、即座にトラブルを解決できるわけではありません。しかし、少なくとも電話よりは解決の糸口を見付けやすくなります。コロナ禍ではオンラインに頼らざるを得ませんでしたが、可能な限り対面での保護者会や個人面談にこだわってきたのは、そのためです。互いに顔の見える関係に勝るものはありません。

こうした面談は、トラブル対応のときだけではありません。子供に関して教員が気になること、校長である私自身が気になることがあれば、すぐに連絡を入れて保護者と面談をします。

どのようにして改革に着手したのか

1　シンプルなメッセージで目的を明確にする

〝先陣を切って走り出したのはいいものの、振り返ったら誰もついてきていなかった〟

こうしたことは、学校ではよくあることですが、学校を改革する上でどうしても避けたいことの一つです。

ただ、そうはいっても、大胆に学校を改革するには、先生方の意識を変えなければなりませんし、任期中に完遂するには迅速さが求められます。舵取りを間違えれば、周囲との軋轢を生んでしまうことでしょう。戦略が必要です。

まず、着任早々に改革の狼煙を上げるのは得策ではありません。頭では理解してくれたとしても、心では納得できず、先々のことを案じて負担感を覚えさせます。それでは、事の最初から先生方のやる気を削いでしまうでしょう。

何よりも先生方との信頼関係を築くことが先決です。特に私の場合には「都の教育委員会からやって来た校長だ」と身構える先生方の警戒心を解く必要もありました。

加えて、考えておくべきは、序章でも述べたとおり民間企業や行政組織とは異なり、学校組織に対する先生方の認識はフラットだということです。トップダウンでは、先生方はついてきてくれません。

そのような先生方が唯一、主体性をもってくれるインセンティブがあります。それは「子供たちのため」です。牧歌的かもしれませんが、私たちの世界では不動の動機付けであり、本当に子供たちのためになりそうだと思えば、上司が細かい指示をしなくてもぐんぐん動き出します。子供の暴力行為に対して誤った認識をもっていた教員であってもそうです。

こうした諸点を考慮し、私が心がけたことはシンプルなメッセージで目的を明確にすることでした。例えば、私が不要だと判断した業務を整理するときには必ず、「先生方の時間的・精神的なゆとりを生み出し、よりよい学級と授業をつくるための時間と労力に充てられるようにすることです」と伝えていました。これは、一方的なメッセージとして伝えていただけではなく、先生方と双方向的に課題意識を共有するためにも重要でした。

2　適切な順序で改革に着手する

学校改革に着手する上で重視すべきは順序です。この順序を間違えると、「振り返れば…」といった状況になってしまいます。

着任一年目に行ったことは、先生方が「負担感」を覚える業務を減らしたことです。それと同時に、どの教員でも取り組みやすい「授業改善」の策を示していました。その一つが、「一日一実践」の取組です。一日の授業のうち、一コマのみに注力して教材研究や授業準備を行い、授業に臨んでもらうという取組です。

これは、先生方に少しだけ負荷をかけ、日常的な授業改善への意識をもってもらうことがねらいです。そのため、実際にどのような教材研究をしたか、準備はどうだったかなどと細かく確認しませんし、あえてその時間の授業を参観することもしません。

私は時間の許す限り一日に何度でも校内を見て回っていたのですが、その目的は教室の「空気」を感じ取るだけでなく、私の姿を先生方や子供たちの目に触れるようにするためでもあります。教員や子供たちと交わす和やかな挨拶や会話の様子は、周囲の雰囲気を明るくしますし、校長はいつも私たちのことを見てくれているという安心感を与え、先生方との関係性をよりよくするとともに、子供たちが私の顔を覚えてくれます。

業務の削減、日常的な授業改善、そして先生方との信頼関係。このベースができあがってはじめて、例えば宿題をゼロにする、全国研究発表会を開催するなどといった目に見える取組に着手

することができるのです。この順序は、学校改革を大きく進める上でとても大切です。

そのため、どの改革・改善においても、具体的に着手する前に、できるだけ多くの教員とディスカッションする場を設けています。例えば、学校を改革するプロジェクトチームを立ち上げ、年度末に提案をしてもらっています(プロジェクトチームについては第5章で詳述)。この提案をもとに、宿題のあり方やテストの意義などについて先生方と語り合ったのです。職員会議も企画会という場に変え、校長としての私の本音を包み隠さず先生方に伝えて語り合う場にしています。

本章で最後に紹介するのは、齋藤主任教諭の寄稿です。

〈寄稿〉

児玉校長は、学校内をよく見ています。朝、子供たちと挨拶を交わし、必ず教室にも回ってきます。一日一回とは限りません。毎日必ずですから。子供たちも私たち教員も、いろいろな姿を見られてきましたし、構えることもなくなっていきました。

そのため、教員の長所や得意分野、子供たちのいい姿やそうでない姿などがよくわかっています。わかっているからこそ、前例にとらわれない対策を行うことができたのだと思います。

例えば、体力調査の値が全体に低く、遊び足りない子供が落ち着かない状況と、掃除中にトラブルが多い事実を見て、「中休みと昼休みを五分ずつ延ばし、掃除は放課後に当番制にしよう」という解決策を出しました。その結果、子供たちは十分体を動かして満足し、掃除は帰りたいから一生懸命やって早く終わらせるようになったのです。おかげで、トラブルが減りました。

児玉校長が一番大切にされているのは、授業です。どの校長先生もそうおっしゃると思いますが、詰め具合が違います。

まず、授業づくりを意識するよう、一日一つ力を入れる授業を決め、週案に示させました。次に、教員が空き時間に他の学級を見に行く期間を設け、学年を越えて授業について学び合う雰囲気をつくりました。

そして、授業の準備時間も確保します。会議や仕事を大胆に精選しました。チェックして返すために子供に向き合う時間が減るとして宿題をなくしました。丸付けに追われて授業の準備時間が減るくらいなら、テストを慣習的に購入しないようにとも言われました。

また、使える制度を駆使して人的配置を行うとともに、保護者対応では、さまざまな例を知っているからこそ、担任ではできない対応も管理職で引き受けてくださいました。

教育書のコーナーができ、お互いがよかった本を提供し合って読み合いました。

ある意味、私たち教員にとっては逃げ道が塞がれた状況に置かれたのです。教員同士で授業に関する話をたくさんしていたことを、日本橋小学校を離れて実感しています。

このように、学校の状況をよく見て、管理職としての特に幅広い見方、多くの事例や制度への理解を駆使して、慣習にとらわれずに、目の前の状況に適した対策を柔軟に考えたことで、日本橋小学校は変わっていったのだと思います。

元日本橋小学校主任教諭　齋藤　直子

第2章

[アクション①]

教員が子供と向き合えるようにする

本章で言う「教員が子供と向き合う」とは、主に次に挙げる二点を指します。

●ドリルやテストの採点に向き合うのではなく、目の前にいる子供と丁寧に向き合えるようにすること。

●学校行事などの対応で、次から次へと子供を追い立てず、じっくりと子供と向かい合えるようにすること。

この二点を実現するだけでも、子供の様子を見取る視界が広がり、教員一人一人が子供の個性や特性の理解を深めることができますので、トラブルに発展する前に手を打ちやすくなります。そうなるには、環境や仕組みを整えなければなりません。その考え方と方法を紹介するのが、本章で述べる「アクション①」です。

学校再生に近道や打ち出の小槌はありません。起死回生の策もありません。そのことを踏まえた上で述べていきましょう。

全児童一律に「宿題」を廃止する

1　子供ではなく、宿題と向き合う教員の姿

私は一日に何度となく各教室を見て回っていて気になっていたことの一つが、子供たちに自習をさせている間に、担任が宿題の確認をしていたことです。そのような教員は一人や二人ではありませんでした。それでは、授業改善どころではありません。

ほかにも、忘れ物をした子供の名前プレートを黒板に貼ってある学級や、「宿題チェック係」という係活動を設けている学級などもありました。にわかに信じ難かったのですが、宿題を提出したかどうか子供同士で監視し合うシステムとして機能していたのです。

宿題を忘れると黒板に名前を貼り出される、「宿題チェック係」から注意される、そのような学級が子供たちにとって居心地のよい場所になるわけがありません。実際、教室には嫌な雰囲気が漂っているように感じられました。

「宿題のドリルと向き合っている教員の姿を、子供と向き合う姿に変える」ためには、宿題そのものを廃止しなくてはならないと決意を固めた瞬間です。

2 「宿題の廃止」に反対する教員

宿題を廃止する学校は全国的な広がりを見せてはいますが、廃止する理由や目的は学校によってさまざまでしょう。本校では崩壊した学校を再生することが目的です。そこで、年度末に行うプロジェクトチーム（第5章で詳述）による学校評価の場で提案し、宿題の功罪について先生方と議論を交わしました。すると、次のような反対意見が出されます。

①家庭での学習習慣を身に付けることができなくなってしまう。
②基礎学力の定着が図られなくなってしまう。
③「宿題を出してほしい」という保護者の要望に応えられなくなってしまう。

本当に長い間、学校教育に根を広げてきた宿題です。先生方が子供の頃も何の疑いもなく取り組んできたでしょうし、教員になってからも当たり前のように子供たちに課してきました。もはや先生方の体の一部、遺伝子レベルで深く刻み込まれているとも言えます。

そう考えれば、「宿題廃止」の提案は、先生方にとって青天の霹靂（へきれき）とも言うべきことだったでしょう。

3　家庭学習の習慣化は、学校教育が担うべきことではない

私はかねてから、本校で進めようとしていた「学校改革」にかかわりなく、学校が宿題を課すことについて深い疑念を抱いていました。なぜなら、**家庭学習の習慣化は、家庭の責任のもとで保護者が行わなければならない**ことだと考えていたからです。つまり、宿題を課すことは学校教育が担うべき重要な役割ではないということです。

戦後から続く長い歴史の中で、学校が家庭学習を主導してきた経緯も理解しているつもりです。

戦後日本の経済成長を支えるためであり、各家庭の経済力・教育力の差に関係なく子供の学力向上を期してのことでした。特に、教育力が高くない家庭への支援として、一定の効果があったことでしょう。

しかしだからといって、家庭が担うべき役割を学校が代替することが正しい姿だとは言えません。中には、「本校の地域は学力が低い地域だから宿題をなくせない」とおっしゃる校長もいるようですが、福祉施設ではない学校が家庭に代わって「家庭学習の習慣化」の責務を負うというのは、本来的にはおかしな話なのです。

家庭学習の習慣化を学校が担う法的根拠はありません。学習指導要領にも「宿題」について直接的な規定はなく、学習指導要領第1章第1の2の(1)の規定を補足する形で、法的拘束力のない「解説」に説明されているのみです。

> 小学校教育の早い段階で学習習慣を確立することは、その後の生涯にわたる学習に影響する極めて重要な課題であることから、家庭との連携を図りながら、宿題や予習・復習など家庭での学習課題を適切に課したり、発達の段階に応じた学習計画の立て方や学び方を促したりするなど家庭学習も視野に入れた指導を行う必要がある。
>
> （小学校学習指導要領解説　総則編、二四頁）

この説明は、「家庭学習を充実するために、学校は必要に応じて家庭に手を貸しましょう」と述べるにとどまり、宿題を課さなければならないとは一言も書かれていません。何よりも重視すべきは次の規定です。

教育基本法第一〇条　父母その他の保護者は、子の教育について第一義的責任を有するものであって、生活のために必要な習慣を身に付けさせるとともに、自立心を育成し、心身の調和のとれた発達を図るよう努めるものとする。

2　国及び地方公共団体は、家庭教育の自主性を尊重しつつ、保護者に対する学習の機会及び情報の提供その他の家庭教育を支援するために必要な施策を講ずるよう努めなければならない。

（傍点は筆者）

このように原理・原則に立てば、「塾に行けない子供の学力はどうするのだ」などと学校に詰め寄る姿が、どれだけ的外れなことなのかおわかりいただけると思います。

ひとたび学校を下校した後や夏休みなどの長期休業中の過ごし方は、保護者の教育方針に委ねられるものであり、その範囲内で子供たちは好きなようにしてよいのです。友達と遊んでもよいし、学習塾や習い事に通ってもよいし、自由です。また、そうでなければならないのです。

私は、先生方との議論の中で繰り返し、「家庭学習は各家庭の役割である」ことを伝えていました。家庭学習の習慣化にせよ、「早寝早起き朝ごはん」のような規則正しい生活の習慣化にせよ、各家庭に推奨はしますが、実施状況まで確認したりはしません。それ以上でもなく、それ以下でもないことだからです。

このようにいたって理路整然とした話なのですが、「家庭学習は各家庭の役割である」ことを先生方が腹落ちするまでは時間を必要としました。自分たちが何の疑いももたずに行ってきた「当たり前」への認識を変えるのは、やはり時間がかかることなのでしょう。

4　宿題を課せば、家庭での学習習慣が定着するわけではない

前述した先生方の反対意見①「家庭での学習習慣を身に付けることができなくなってしまう」に対する私の考えは次のとおりです。

ある日、何人かの先生方に対して、次のようなことを尋ねたことがあります。

「宿題を出していない日も、子供たちは家庭で自ら学習しているのですか？　一年生の時から毎日毎日、宿題を課されてきたのですから、六年生ともなると宿題があるかどうかにかかわらず家庭学習が習慣化しているはずだと思うのですが、実態はどうなのでしょう」

すると、どの教員も下を向いて考え込んでしまいました。いくら宿題を課していても、それをもって家庭学習が習慣化されないことを、実は先生方も薄々気付いていたのです。

一人一台端末が導入された際、各地の教育委員会は「家庭に持ち帰らせ、タブレットで学習させるように」「家庭学習の充実を図るように」などと各学校を指導していました。この一事をも

ってしても、「家庭での学習は学校が責任をもつものだ」という幻想からいまだ醒めていないことがわかります。

それに対して日本橋小学校では、**根拠がなく教育効果を期待できそうにない「当たり前」に疑いの目を向け、そのつど見直すことを重視した**のです。

5　宿題を課していれば、基礎学力が定着するものではない

次は、先生方の反対意見②「基礎学力の定着が図られなくなってしまう」に対する私の考えです。

先生方との議論のポイントは「基礎学力とは、そもそもどのような学力か」にありました。

まず私は、どのような宿題を課しているのか尋ねました。すると、漢字練習や計算練習といった反復学習だと言います。実際、宿題用の教材として漢字ドリルや計算ドリルを購入していたくらいでした。つまり、先生方の考える基礎学力とは、覚えた漢字量やたくさん計算できる能力だということになります。

「基礎学力」そのものに公的な定義などありませんから、いろいろなイメージがあってよいと思いますので、先生方の認識を否定するつもりはありません。しかし、ドリルをこなすことは、私からすれば「作業」とも言うべきもので、「学習」だとはとても思えません。

そこで、次のように質問してみました。

「漢字量を増やしたり、たくさん計算させることで身に付けられる力は、これからの時代に不可欠な学力だと思いますか？　身に付ける必要のあることはほかにもあるように思いますが、どうして漢字と計算だけなのですか？」

先生方からは次の返答です。

「漢字を書けないより書けたほうがよいですし、計算もできたほうがよいと思うんです」

この返事を聞いて、私は腑に落ちました。〝だから、学校でやらないければならないことが肥大化してきたのだな〟と。

もちろん、漢字を書けたほうがよいですし、計算できたほうがよいに決まっています。それ自体は間違いではないのですが、学校においては危険な考え方でもあります。なぜなら、「音読は上手なほうがよい」「字はきれいに書けたほうがよい」「リコーダーは吹けたほうがよい」などと、どのようなことにも当てはめてしまえるからです。それだけ、**教育というものは全方位であり、この危険な考え方に基づくと、やるべきことをいくらでも増やしてしまえる**のです。

「やらなければならない」とされることが、まだそれほど多くなかった時代であれば、それでもよかったのでしょうが、そうであるがゆえに、学校はあらゆることを抱え込む事態を招き、その仕事量は危険水域に達してしまったのです。

そこで私は、先生方に対して次のように話をしました。

「学力は、文字どおり学力です。『基礎』と『応用』などという二種類の学力があるわけではありません。学習指導要領においては、『知識及び技能』『思考力、判断力、表現力等』『主体的に学習に取り組む態度』という三つの資質・能力を総合したものを唯一の『学力』としています」

これは、法においても明記されていることであり（学教法第三〇条第二項）、議論の余地はありません。さらに言えば、ＡＩが台頭しつつある今日、ＩＣＴが得意とする漢字や計算スキルの習得を、これからの学校教育が他よりも優先して目指す学力だとみなすべきではないと思うのです。

６　授業を通じて子供たちの学力の定着を図る

もう一つの議論のポイントは、「何によって子供たちの学力の定着を図るか」にあります。

私たち教員は、授業時数という限られたリソースの中で、子供たちに学力の定着を図らなくてはなりません。それが我が国の教育制度です。そのためには、一時間一時間の授業の質を高めるほかなく、それを目指すのが教育の専門職である私たちプロの仕事です。

学習指導要領に定める目標を授業で実現することが、公立学校に勤める私たち教員の唯一のミッションです。裏を返せば、学習指導要領に定められていないことまで求められているわけではないということです。このように考えるだけでも、「宿題を課さないと学力を定着できない」という考えが、いかに的を外したものであるかおわかりいただけると思います。

教育課程をめぐっては、履修主義と修得主義、学齢主義と課程主義があります。我が国ではそれらを組み合わせていますが、諸外国に比べて学齢主義が強い制度設計だと言われます。制度としては原級留置がありますが、よほど特別な事由でもない限り措置されることはありません。だから教員は限られた時間で授業の質を高め、学習指導要領に定める学力を定着させようと必死に努力をするのです。放課後に子供を残して補習することがあるのもそのためです。掛け算の九九を覚えられなくても、逆上がりができなくても、年齢が繰り上がれば次の学年へと進級させ、やがて卒業させなければならないからです。

だから、宿題に頼りたくなる気持ちは理解できます。しかし、私たち教員は、「日々の授業において子供たちの学力を高め、定着させること」にこそ注力しなければならないのです。

7 保護者は宿題廃止についてどう受け止めたのか

宿題に対する保護者の意識は、次の相談内容に端的に表れています。

「宿題の量が多すぎます。宿題の量をもっと減らすことはできませんか」

子供の能力や家庭環境に関係なく、反復練習を強いる宿題は、先行知識の豊富な子供とってはもちろん、そうでない子供とっても苦行です。学習塾に通ったり習い事をしている子供であれば、宿題に取り組む時間も余力もなく、ただただ邪魔な存在です。音読チェックやプリントの丸付けを求められていた保護者にとってもそうです。

こうしたことを知っていましたから、宿題を廃止しても、保護者からそれほど強い反対を受けないだろうと考えていましたが、事実そのとおりでした。むしろ「宿題がなくなって助かる」という声が数多く聞かれたくらいです。このような受け止めとなったのは、本校に通う多くの子供や保護者の状況やニーズに合っていたからです。

とはいえ、保護者にとって宿題は、ある意味で既得権です。本来であれば自分たちが担うべき家庭学習を学校が代行してくれるからです。学習内容の提示、進行管理と成果の確認、子供への指導まで学校がすべてやってくれるのですから。

しかも、「隣のおじさんが怒っているから静かにしなさい」などと誰かの力を借りて子供を注意するかのように、「宿題をやらないと先生に叱られるよ」といったキラーワードを用いて、簡単に子供を学習机に向かわせることもできます。特に、子供が親の言うことを聞かない家庭にとって宿題は、とても助かる存在なのです。

ですから、自分の既得権を手放したくないと考える保護者も一定数います。「うちの子の学力が下がったらどうするつもりですか」「子供を塾に行かせろということですか」というのが主な言い分です。それに対して私は、次のように説明していました。

「学校は、お子さんを塾に行かせればいいなどと考えているわけではありません。国が求めている学力は、学校の授業で身に付けられるようにしますので、どうぞご安心ください」

スイミングスクールに通わせて身体能力を上げる、ピアノ教室に通わせて音楽的感性を磨く、学習塾に通わせて私立中学校の受験に臨む、あるいは複数の習い事を掛けもちさせる……これらはいずれも、各家庭が自分たちの方針に基づいて判断すればよいことです。

今も昔も変わらず公立学校は、質の高い授業づくりに邁進し、学習指導要領が求める学力を子供たちが身に付けられるようにすればよいのです。

8 「My Study（マイ・スタディ）」で緩和

一時的に「My Study（マイ・スタディ）」を実施したことがあります。

これは、どのようなことでもよいので、子供が学習だとみなしたことの計画を立て、実行し、振り返りを行う取組です。漢字練習や計算練習を行ってもよいですし、自分の習い事を「My Study」にするのでもよいですし、家族でハイキングに行くことも「My Study」にすることができます。

保護者には、以下のように通知しています。

■家庭での学びを支援する「My Study」の実施について

日頃から本校の教育に御理解と御協力をいただき、誠にありがとうございます。

さて、家庭での児童の学びを支援する「My Study（マイ・スタディ）」を、すべての学級において今年度から新たに実施し、児童の主体的な学びを促進することとしました。これまで児童一人一人の学習内容の習熟に関係なく一律に課していた「宿題」から、児童自身が取り組みたいことや取り組まなければならないことを考える「My Study」へ移行していきます。

今後、「ToDoリスト」により児童が自ら目標設定できるよう、家庭との連携を図り、学びの支援をしてまいります。

「My Study」は、学習計画書を担任に提出することもできますが任意です。「My Study」で行ったことを学校が評価することはありません。

実際に取り入れたところ、自分のペースで学習を進めるのが好きな一部の子供は性に合うようでしたが、率先して行う子供も保護者もほとんどいないであろうことは最初からわかっていました。

では、なぜ行うことにしたのか。

一つには、前述したように宿題を廃止することで不利益を受けたと感じていた家庭への緩和策です。それともう一つは、「学力」は全員一律に宿題を課していても定着することはできず、その子のニーズに応じた「主体的な学び」であってこそ定着されるものだというメッセージを保護者に伝えることをねらっていたのです。

こうしたことから、想定どおりすべての学級からフェイドアウトしていく取組となりました。

9 宿題を廃止したことでどのようなことが起きたのか

まず、朝の会で、担任が宿題を忘れた子供を全員の前でつるし上げるような「儀式」が姿を消

資料１　中央区教育委員会「学習力サポートテスト」正答率（2022年度）

第４学年	国語	社会	算数	理科	
日本橋小	**78.7**	**78.3**	**83.7**	**66.3**	
全　国	68.0	68.7	73.1	62.5	

第５学年	国語	社会	算数	理科	
日本橋小	**74.8**	**74.3**	**73.3**	**67.6**	
全　国	68.0	68.3	60.5	62.5	

第６学年	国語	社会	算数	理科	英語
日本橋小	**72.3**	**76.9**	**79.3**	**72.5**	**91.0**
全　国	62.0	69.5	63.5	68.2	84.1

しました。子供はもちろんのこと担任自身もほっとしたようで、子供たちと笑顔で朝のスタートを迎えられるようになりました。

また、宿題の丸付けをする業務から教員が解放されたことで、宿題をチェックするために自習させる必要がなくなり、授業に集中できるようになりました。休み時間も子供たちと一緒に楽しく話をしたり、夢中になって遊んだりできる時間を確保することができました。加えて、放課後に宿題を準備する必要もなくなり、翌日の授業準備に注力できるようにもなりました。子供と向き合う時間が保障されたことで、担任と子供との関係が親密になり、学級経営によい兆しが見られるようになったのです。

宿題廃止を反対していた教員からも、「宿題がないことに慣れすぎてしまい、次の学校に異動したときが怖いんですよね」という声が聞こえてきたくらいです。

それともう一つ、宿題を廃止したことで本校の子供たちの学力はどうなったのか気になる方もいると思いますので、**資料１**を挙げておきたいと思います。この結果が示すとおり、子供たちの正答率は下がるどころか、すべての教科において全国平均を上回っています。

もちろん、中学受験を経験する子供が多いですから、家庭の教育力も含め、学力的には恵まれた学校だとはいえます。しかし、「**子供も教員も時間的・精神的なゆとりを生まれて安心感をもち、授業に集中できるようになれば学力が上がる**」と言えるのかもしれません。

＊

このように宿題廃止が単なる業務削減にとどまるのではなく、いろいろとよい方向に波及していったのは、校長が建前でなく本音で語り、反対意見にも耳を傾け、粘り強く先生方と議論を重ねたことにあると考えています。それなくして、うまくいくことはなかったでしょう。

序章でも述べたとおり、対話を通して先生方の不安感を払拭し、納得を得られなければ、どのような改革も画餅に帰すのです。

「ワークテスト」を廃止する

1　子供ではなく、ワークテストに向き合う教員の姿

本校では、業者作成のワークテストをすっぱりやめました。このように言うと、「それなら、どうやって成績を付けるのですか」という声が聞こえてきそうです。

最初に断っておくと、ワークテストを行うメリットを否定するつもりはありません。メリット

があるからこそ、多くの小学校で行われているのですから。それを重々承知の上で、デメリットのほうに重きを置いて経営判断したのです。本校ではデメリットがメリットを上回ってしまっていたからです。

ある日のことです。放課後の職員室、事務補助の職員がワークテストの採点をしている姿を目にしました。〝どういうことなのだろう〟と気になった私は彼女に尋ねると、ある担任から丸付けを頼まれたといいます。ほかにも、校内を見て回っていると、図書室で子供たちが読書をしている横で担任が黙々と採点している姿、「空き時間」に子供のいない教室で採点している姿を見かけることもありました。

私が最も問題だと感じたのは、ワークテストを行うために授業の一単位時間が使われていたことです。先生方に確認すると、ワークテストを返却する際も、答え合わせや間違い直しのために、やはり授業の一単位時間を使っていると言います。

教材として購入しているワークテストは、例えば国語、社会、算数、理科の四教科で一学期の合計は約三〇枚にもなり、年間で実に九〇時間もの授業時間を使っていることになります。さらに答え合わせや間違い直しのために一単位時間を使っているわけですから、その時間は倍の一八〇時間に及ぶこともあるのです。

加えて、担任が採点するのに一回あたり、少なくとも約三〇分はかかると言います。年間九〇枚のワークテストを採点すると、三〇分の九〇倍ですから四五時間もの時間が必要です。

もし、ワークテストを廃止できれば、年間一八〇時間もの授業時間を問題解決的な学習に充てることができ、四五時間もの時間を教材研究や授業準備に充てられることになります。教員が子供たちと向き合えるようにする改革を進めるうえで、宿題をチェックする作業から解放するだけでは足りなかったのです。ワークテストに時間を取られる状況を看過するわけにはいきません。「ワークテストを続けるメリットよりも、ワークテストを行わないメリットのほうが、少なくとも本校においてははるかに大きい」と私は判断しました。

2 どのようにしてワークテストを廃止したのか

私がまず行ったのは、先生方に対してワークテストを行っていることの弊害を伝えることでした。

- ワークテストの実施時間が年間九〇時間を越えるなど、標準授業時数の学習に影響していること。
- ワークテストが早く終わった子供の学びを保障できず、学級経営が不安定になること。
- ワークテストの問題の中には、「これで本当に思考力を評価してもいいのか」と、疑ってしまうような駄問が散見されること。
- ワークテストのようなペーパーテストは「思考・判断・表現」「主体的に学習に取り組む態度」

の評価には適さないこと。

●ワークテストの内容と、実際に担任が授業した内容とが一致しないことがあること。

↓「ワークテストを配る直前に問題を見て、慌ててテスト用の授業をやったことがあるんですよ」と笑いながら話をしている教員を目にしたことがあります。これは、「市販のワークテストの問題と実際の授業とのズレがあったため、ワークテストの問題に答えられるようにするためだった」というのが理由です。これは完全に本末転倒で、発想が逆です。授業を行って子供たちが学んだことを確認するために行うのがテストだからです。

●ワークテストの採点業務のため、残業時間が長くなってしまうこと。

●授業中の学習に取り組む態度は芳しくない子供に、ワークテストで高得点を取れれば「A」評価としてしまうことに対して教育的な疑義があること。

↓ある年度末、通知表の成績一覧表を確認したところ、日頃の授業には全く参加せずに勝手なことばかりしている子供の成績に「A」が付いていることに気付きました。担任を呼んで確かめると、「ワークテストの点数がよかったため、仕方なく…」という返事です。私は、学校での学びの様子を正しく家庭に知らせることが通知表の役割だと説明し、勇気をもって「C」を付けるよう指示しました。

このように説明した上で、「学校経営ビジョン」において次の二点を明記することにしました。

●学習のまとまりごとに「振り返り」を行うなど、効果的で適時性のある学習評価に積極的に取り組み、ワークテストのみに頼らない適切な方法を模索すること。
●ワークテストの採点業務は、原則、担任や専科教員が行うとともに、授業の空き時間や読書指導の時間、子供に課題に取り組ませている時間などには行わないこと。

言うまでもなく、一度の説明・対話で先生方の納得を得られるわけではありません。そこで、「校長だより」にも頻繁にワークテストについて取り上げ、問題点を共有しながら時間をかけて粘り強く議論を重ね、正式にワークテストを廃止するに至ったのです。

*

実を言うと、廃止を決断する決定打とも言うべき出来事がありました。それは、新任の教員が、せっかく購入したワークテストをやりきれず、教室のロッカーの中に溜め込んでしまっていたことがあったのです。
きっと日々の授業に追われ、ワークテストを行う時間を確保できなかったのでしょう。しかし、購入した以上、ワークテストを行わなければ服務事故となり、懲戒処分の対象となり得ます。このことが発覚して後、その教員は何とかワークテストをやり終わりましたが、この出来事をもって、私は廃止しなければならないと改めて決意したのです。

3　ワークテストを廃止したことで、どのようなことが起きたのか

若手の教員は「体育でもテストはありませんが、これまでもちゃんと評価できています。他の教科も大丈夫です！」と話してくれました。ベテランの教員は「思考力や判断力は、普段の授業のノートから評価できるので、特にテストは必要ありません」と話してくれました。

ほかにも、「最初はワークテストがなくなったことに驚きましたが、授業の『振り返り』をしっかり評価しようと思っています」「子供たちの発言をメモする癖が付きました」と話してくれた教員もいます。

いずれも、**ワークテストに頼らなくなったおかげで、自分自身が行う指導によって子供たちの学習状況を見取ろうとする意識が高まった**ことがうかがえます。これを機に、日本橋小学校では指導と評価の一体化が充実していくかもしれないと、期待感が大きく膨らんでいきました。

放課後の職員室の風景も一変します。これまでワークテストの丸付けに追われていた先生方の姿が、子供たちの学習感想にコメントを書き込む姿に変わっていました。

近くを通るたびに、「校長先生、このノートを見てください。とってもいいことが書いてあると思いませんか」とか、「書けば書くほど、子供たちの『振り返り』の内容がよくなっていくんですよ」と誇らしげに語り出す教員、「私だけが読んでいるのではもったいないので、タブレット端末で保護者に見てもらえるようにしました」と目を輝かせて語る教員がいます。自分の指導を通じて、子供たちが日々成長していく様子を目の当たりにする。教員にとって、これ以上の誉

れはないのです。

ワークテストの廃止によって時間的な余裕が生まれ、「子供と向き合える」ようになり、自分の指導を通じて子供を多面的・多角的に評価しようとする意識が高まりました。一石二鳥どころか、一石三鳥です。

とはいえ、「知識・技能」に関する評価は、ペーパーテストが得意とする分野です。そこで、市販のワークテストは廃止しましたが、普段の授業を通じて子供たちが学習していることを確認するテストまで廃止したわけではありません。必要に応じて取り入れていくというハイブリッド方式を推奨しています。

次に紹介するのは、石塚主幹教諭の寄稿です。


〈寄稿〉


児玉校長が着任してから四年間、一度も変わらなかったことがあります。それは、年度当初に示す経営ビジョンにある次の三つの柱です。

「分かる授業を追究する（楽しい学校）」

「授業規律・生活規律を徹底する（規律ある学校）」

「新しい校風を創造する（愛される学校）」

これまで日本橋小学校では、たくさんの革新的な取組がありましたが、どの取組も、この三つの柱の実現に向かうための具体的な方策だったと思います。

中でも「分かる授業を追究する（楽しい学校）」に向けては、さまざまな取組がありました。「ワークテストを実施せず、評価を出す」は、児玉校長の掲げる「分かる授業」を実現するための象徴的な取組の一つでした。

テストを行わないとなると、授業者が毎時間、指導事項を明確にもたないと授業ができません。また、授業中の発言、振り返りの記述内容など、目に見えるものだけでなく、子供たちがどのように思考していったかといった形に見えにくいものも、適切に見取り、評価をした上で、次時の授業を考えていかねばならないのです。これまで、ワークテストに依存してきた教員にとっては、評価のあり方について根本的に見直す必要があり、不安や戸惑いも大きかったことは事実です。

しかし、日を追うごとに、抱いていた思いはすぐに払拭されていきました。教員の立場から振り返ると、一単位時間の授業にかける思いが変化し、内容もより充実したものになっていったからです。子供たちの思考の流れをつかむために、教材研究にこれまで以上に励む機運が高まり、職員室では、学年の枠を超えて、教材や授業についての話題も多くなっていました。また、子供たちが書いたノート等を丁寧に見取り、授業記録を振り返って単元計画を修正し、次時の授業に臨むようになっていました。

このような教材研究や授業準備を行うためには、時間と学ぶ場の保証がされていなければなりません。児玉校長は十分すぎるほどの配慮をしていました。

時間の保障としては、会議の精選のみでなく、一切の会議を行わない「No.会議ディ」の実施もありました。会議を行わないことで、十分な教材研究を行う時間のゆとりが生まれただけでなく、それまで以上に管理職の先生方と話をしたり、教職員間でコミュニケーションを図ったりする精神的なゆとりもできました。

学ぶ場の保障としては、校内の授業を自由に見合う「ＯＪＴウィーク」、教員が輪番で専門にしている教科等について話したり、若手教員からの質問等に答えたりする「ＯＪＴお茶会」の実施、高名な講師の先生方を招いた授業案検討や研究授業の実施、子供たちの実態に即した教材開発に向けた地域巡検の実施等、枚挙にいとまがないほどです。

併せて、毎時間、教材との出合いを工夫した授業を展開する「日本橋スタイル」を設けました。これらの積み重ねの結果、子供たちから「やらされている」がなくなり、「これについて友達と考えたい」「授業で話し合ったことについて、もっと知りたくて家でも調べてきた」など、子供たちが夢中になって学習へ取り組むようになったのです。

このように、授業中に子供たちがキラキラしている姿が見られるのは、教員の最大の喜びだと思います。その姿が見たくて、教員が、明日の準備のためにがんばりすぎてしまうのではなく、教員が楽しみながら教材研究に取り組むといった、前向きなスパイラルが学校の至るところで起きたのです。

これらは、日本橋小学校で行われていた「学校改革」の一部です。しかし、子供たちにとって授業が魅力的になること、教員の授業力を向上させることが、児玉校長が最も心を尽くしたことであったと私は考えています。子供たちにとっても、教員にとっても自己実現ができるような学校に勤めることができ、「先生の仕事は、楽しい」と改めて実感する日々でした。

授業づくりで困っていたり、学校はブラック企業だと感じていたりする教員がいましたら、ぜひ、日本橋小学校の子供たち、教員の姿を見てほしいです。これからの学校教育に必要なもの、そのすべてが日本橋小学校の中に、ちりばめられていることがすぐにわかるはずです。

元日本橋小学校主幹教諭　石塚　晃子

「スポーツ・フェスティバル」への改革

1　子供が自らの主体性を発揮できてこそ、学校行事を行うことに意味が生まれる

ある日、特別活動主任が校長室を訪れ、学校行事の全体を見直してもいいかと提案してきました。日本橋小学校は学校行事が多すぎるので整理が必要だというのです。

「行事で子供は伸びる」と言います。事実、そのとおりだと思います。しかし、学校行事によって教員が振り回され、子供たちが追い立てられているのであれば、その学校行事は子供をよく伸ばしていないことになります。

実際、当時の「教員の指導力」と「子供の現状」を考えると、まさにそのような状況だったと思います。遠足だ、集会だ、移動教室だ、音楽会だ、運動会だ、日本橋祭りだと、次から次へとやって来る学校行事に追われ、教員は子供たちと向き合うどころか、心に余裕がなく、子供たちをせき立ててばかりいました。

先生方は行事をこなすのに精一杯。子供の主体性などは後回しです。それでは、特別活動が目指す目標を実現するどころか遠ざかってしまいます。そればかりか、普段の授業も浮き足立ち、落ち着いて学習する雰囲気を損なってしまっていたように思うのです。

そのような矢先の特別活動主任からの提案です。渡りに船とはまさにこのことです。

2　全学年で運動会の種目を絞る

学校行事の中でも、特に大きな催しが運動会です。大胆な改革を進めているとはいえ、運動会そのものを廃止することは、さすがにできません。しかし、種目などを見直すことはできます。特別活動主任と連携しながら進めたのが、各学年で実施する種目を、表現と団体競技の二つに絞り込むとともに、名称を「スポーツ・フェスティバル」に改めることでした。それ以外の種目、例えば応援団や選抜リレー、全校競技などは行わないことにしました。それともう一つ、徒競走も種目から外しました。これは私の肝いりです。

私は徒競走に対して、以前から懐疑的な思いを抱いていました。

たまたま走る順番が同じになった四人の子供が、保護者の前で相対的な走力を競い合い、順位を付けられる。このことに対して、教育的な意味を見いだせなかったからです。もしこれが、走るスピードを競うものではなく、算数の計算スピードを競い合い、保護者の前で相対的な順位を付ける種目だったとしたら？　保護者はもちろん、人権団体なども黙っていないでしょう。

さらに高学年にもなれば、スタート位置についた時点で、誰が一位で誰がビリになってしまうのかもおよそわかってしまいます。つまりビリになる子は、走る前から〝きっと自分がビリになるんだろうな〟などと思いながら走ることになります。そのようなことが教育的であるはずがありません。

それに対して、「全員リレー」であれば話は別です。走るのが得意な子供もそうでない子供も共に協力し合わなければ結果を出せないからです。スターターは誰がよいか、アンカーは誰がよいかだけでなく、どの子がどのような順番で走るのがよいかも作戦の一つですし、バトンの受け渡しが勝敗を大きく左右しますから、どのように練習するのか考えなければなりません。

このように各学級が一つのチームとなって挑むのが「全員リレー」です。つまり、選抜リレーのように選ばれた子供だけでなく、子供たち全員が主役になれる種目であり、子供たちが主体性をもって創意工夫を凝らしながら取り組めるという点で特別活動の目標とも合致します。

実際に「全員リレー」に絞ったところ、最初の段階から子供たちは大盛り上がりです。練習するたびに順位が入れ替わることもあって、本番当日まで集中が途切れることはありませんでした。

資料2

そして、スポーツ・フェスティバル当日、子供たちが全力で走っている姿は、見る者に感動を与えてくれました（**資料2**）。先生方が心配していた「失敗したら、みんなから責められるのではないか」との懸念も杞憂に終わりました。「ドンマイ！」とチームメイトが励まし合う姿が見られ、誰も責めることはありませんでした。チームプレーのよい面が発揮されたのです。

3　種目を絞り込んだことで、どのようなことが起きたのか

「全員リレー」が毎年、どの学年でも共通の種目となったことから、先生方にとっては指導のポイントを共有しやすくなり指導しやすくなりました。加えて、「スポーツ・フェスティバル」の種目が二種目に絞られたことで、事前の練習にもゆとりが生まれ、子供たちを追い立てるような指導がすっ

かり影を潜めました。指導の余裕が生まれたため、「表現」については、子供たち自ら表現の動きを考え、子供たちのリーダーが中心となって練習を進める学年も現れました。まさに特別活動のねらいそのものです。

逆に誕生した学校行事もあります。それは、先生方からの発案で生まれた「表現発表会」です。「今のスポーツ・フェスティバルでは、子供たちが相互に表現を見合うことができない」というのが理由です。新たな行事ということで手間暇は増えますが、子供たちも教員たちもみな、「表現発表会」を行う意味と意義を感じているので、やらされ感などなく、主体的に取り組めるものとなっています。今ではすっかり日本橋小学校の名物行事となりました。

ここまで学校行事の精選を軸に述べてきましたが、教科における教育活動においても考え方は同様です。「いかにして教育効果の上がる『選択と集中』を行うか」これが本章で推奨したい「アクション」です。

第3章

[アクション②]

教員の時間的・精神的なゆとりを生み出す

「学校改革」の本丸は、授業改善です。そもそも、先生方は〝少しでもいい授業がしたい〟と考えていますから、自らの授業を改善できる環境をつくることができれば、校長が特段の指示をしなくても、自発的に教材研究や授業準備をしたり、先生方同士で学び合おうとしたりする機運が生まれます。

このように述べると、「そのように簡単なことではないのではないか」と受け止める方もいることでしょう。「生まれたゆとりを子供たちの学びの充実に使おうとしない教員もいるのではないか」と。

確かに、そうした教員もいるでしょう。しかし、周囲の先生方が目を輝かせながら教材研究に取り組んだり、子供たちの変容する姿を楽しそうに語ったりしている姿を目の当たりにするうちに感化されるものです。〝自分ばかり楽をしてはいられないぞ〟と。

そうした波及効果が生まれる手立てを打つのが校長の仕事です。

そこで本章では、教員の時間的・精神的なゆとりを生み出す改革について述べていきます。

授業時数を見直す

業務の効率化を図ることは大切ですが、その主たる目的は適正化を図ることです。時間を生み出すという点では、期待するほどの効果は得られないはずです。いくら会議を減らし、校務のデジタル化を推進したとしても、急に何十時間もの時間は生まれません。

そこで本校が目を付けたのが授業時数です。もし時数を削減できれば非常に大きなインパクトになるからです。打ち出の小槌とまでは言いませんが、劇的に多くの時間を生み出せる可能性があります。

1　「余剰時数」について考える

一般には知られていませんが、学校においては周知の事実となっていることの一つに「余剰時数」があります。「余剰時数」とは、各教育委員会が管下の学校に確保させている時数です。例えば自然災害の発生や感染症の流行によって学校閉鎖・学級閉鎖など休業状態となった場合に、「標準授業時数」（学教法施行規則別表）を下回らないようにすることに配慮した措置です。

ただ、国は次の見解を示しています。

- 標準授業時数を踏まえて教育課程を編成したものの災害や流行性疾患による学級閉鎖等の不測の事態により当該授業時数を下回った場合、下回ったことのみをもって学校教育法施行規則第五一条及び別表第一に反するとされるものではないこと。
- 各学校の指導体制を整えないまま標準授業時数を大きく上回った授業時数を実施することは教員の負担増加に直結するものであることから、このような教育課程の編成・実施は行うべきではない。

＊文部科学事務次官通知「学校における働き方改革に関する取組の徹底について」（平成三一年三月一八日）

●別表第一に定めている授業時数を踏まえて教育課程を編成したものの災害や流行性疾患による学級閉鎖等の不測の事態により当該授業時数を下回った場合、その確保に努力することは当然であるが、下回ったことのみをもって学校教育法施行規則第五一条及び別表第一に反するものとはしないといった趣旨を制度上明確にしたものである。

＊文部科学省「小学校学習指導要領解説　総則編」（平成二九年七月）

端的に言えば、「不測の事態によって標準授業時数を下回っても法令違反にはならない」し、そもそも「教員の負担増となる授業時数を実施するべきではない」という見解です。つまり「余剰時数」は本来、必要以上に課さなくてもよい時数とも言えるのです。そうであるにもかかわらず、多くの学校は今も「余剰時数」の確保に努めています。本校においても以前はそうで、教育委員会からの指導に則り、年間四〇時間の「余剰時数」を確保する教育課程を編成していました。

ちなみに、道徳の年間授業時数は三五時間、高学年の図工や音楽は五〇時間ですから、一つの教科ほどの授業時数に匹敵するほどで、コロナ禍だったとはいえ、約二週間もの長期間、学校を閉鎖したとしても標準授業時数を下回らないボリュームです。その結果、日本橋小学校では週の時間割を一コマ増やさざるを得なかったのです。

2　大量の「余剰時数」を放出する

本校では、年度当初の教育課程編成時には年間四〇時間の余剰時数を確保するものの、一年かけて計画的に少しずつ放出するという手法を取ることにしました。さすがにこれは、校長の権限で可能な取組です。

例えば七月など通知表を作成する時期には、六時間授業の日を五時間授業に、五時間授業の日を四時間授業にしました。これは、先生方の作業時間を確保することが目的です。ほかにも、午後の授業を丸々カットし、校内研究の時間に充てています。その結果、本校では、年に一二回もの研究授業を行うことができましたし、保護者との個人面談についてもゆとりをもって計画することができました。

このように、教育委員会の指導に従いながらも、可能な限り余剰時数分の授業をしなくてもよいようにしたのです。その結果、先生方の時間的・精神的なゆとりが生まれ、教材研究に注力できるようになりました。

一五分間の「モジュール授業」を導入する

1　授業をモジュール化することのメリット

もう一つ、週の時間割を一コマ減らすために行ったことがあります。それが一五分間の「モジュール授業」です。本校で取り入れることにした背景には、次の事柄があります。

●授業の途中で集中が切れてしまい、立ち歩きをはじめる子供が散見された。
●小テストを行う際には授業の前半一五分間を使うなど、担任の裁量で授業時間の配分を行うことは珍しいことではなく、実質的に「モジュール授業」を取り入れた授業に等しいことが既に行われていた。

本校ではこうした状況が見られたことから、「モジュール授業」を取り入れることによって、次に挙げる教育効果を得られるだろうと判断しました。

●授業時間を一五分とすることで子供の集中力が持続し、メリハリが生まれる。
●四五分間の授業を行う際には、問題解決的な学習に特化することで、学習効果を挙げることができる。
●一五分間の「モジュール授業」を三回行うことで、四五分間の授業一時間分としてカウントできる。

国もまた、授業時間を弾力的に運用することを認めています。

(イ) 各教科等の特質に応じ、一〇分から一五分程度の短い時間を活用して特定の教科等の指導を行う場合において、教員が、単元や題材など内容や時間のまとまりを見通した中で、その指導内容の決定や指導の成果の把握と活用等を責任をもって行う体制が整備されているときは、その時間を当該教科等の年間授業時数に含めることができること。

＊小学校学習指導要領総則「(2) 授業時数等の取扱い」

2 「モジュール授業」を実現するためのハードル

このように、モジュール授業そのものはどの学校でも行える一般的な取組ですから、私は当初〝本校でもすぐに取り入れられるだろう〟と考えていました。しかし、実際にはそう簡単ではありませんでした。教育委員会が原則として「モジュール授業」を認めない方針としていたからです。その理由は次のとおりです。

● 「モジュール授業」といっても、その形態はさまざまであり、学校によっては場当たり的、なし崩し的に行われているケースも散見される。
● 一五分では授業として成立せず、子供の学習状況を適切に評価できない可能性が大きい。

そこで私は教育委員会を説得するべく何度も取組の目的と効果を説明し、粘り強く協議しました。その結果、次の条件を満たせば本校だけ特別に行ってもよいことになったのです。

●年間一〇五回分の詳細な学習指導案・指導計画を作成すること。

「モジュール授業」三回で一コマの授業としてカウントするのですから、いい加減な時間の使われ方をしないためにも、至極当然な条件だとも言えます。しかし、この条件を呑むならば、年間一〇五回分の指導計画を作成しなければならなくなります。これはたいへんな時間と労力を必要とします。

校内でも、「本当にそこまでする必要があるのか」と疑念の声があがり検討を重ねましたが、最終的には本校を再生するためにはやったほうがよいという結論に至ります。しかし、その作業量は私たちが想像していた以上でした。

一五分間の授業ごとに目標と評価規準を考えるとともに、学習指導要領の内容のどこに位置付くのか、使用する教材は何かなどを詳細に書き込んだ指導計画を作成しなければなりません。言うなれば、研究授業の本時案を一〇五回分作成するようなものです。次年度の教育課程を編成する年度末、副校長らと取り組んだ作成作業は、連日深夜にまで及ぶほどでした。

それでもなんとか仕上げることができ、特別に教育委員会の承認を得て、無事「モジュール授業」に取り組めるようになります。

3 「モジュール授業」に取り組んだことで、どのような効果があったのか

習熟や繰り返しを必要とするドリル学習については一五分間のモジュール授業に集中させたのですが、本校の子供たちの実態との親和性が高く、私たちが期待していた以上の効果がありました。

加えて、通常の四五分授業については問題解決的な学習に特化することができ、子供たちも先生方もメリハリをもって取り組めるようになり、教育の質的な向上につながったように感じます。

そして、何よりも**授業のコマ数を減らせたことで生まれた時間的な余裕は大きく、保護者との面談を頻繁に行えるようになっただけでなく、地域教材の開発のために取材に出かける先生方の姿を見かけるようにもなった**のです。

学校行事を教科学習として実施する

「余剰時数」の放出や「モジュール授業」によって授業のコマ数を減らすことに成功しましたが、それでもまだ先生方の時間的・精神的なゆとりは不十分でした。そこで、第三の手です。

それは、可能な限り学校行事を教科学習として位置付けることです。

遠足や移動教室といった学校行事は、国が定めた「標準授業時数」にはカウントされません。この時数は教科学習の授業時間を定めるものだから当然なのですが、そうであるがゆえに、遠足などの学校行事を増やすほどに年間の授業時間が増えてしまうことになるのです。

この点を鑑み、本校では安易に学校行事を縮減するのではなく、学校行事を「標準授業時数」でカウントできる教科学習に置き替える取組に着手することにしました。

ただし、授業時数の置き換えは「禁断の果実」とも言うべきで、容易に授業時数を減らせることから、安易に手を出せば各教科等の学習で必要な授業時数までも削ってしまい、「教育の質」の低下を招くリスクがあります。このリスクを回避するには、相当うまく授業時数をコントロールしなければなりません。

そこでまず名称を変更することから始めました。たかが名称変更だと思われるかもしれませんが、その効果はとても大きいのです。例えば、「遠足」を「校外学習」に全学年統一で改めたのですが、「子供たちが何を学ぶか」そのねらいや活動に変化が生まれたのです。

「遠足」という名称を使っていたころは、例えばアスレチックで遊んで帰るだけだった学年が、美術館や博物館に訪れて学ぶ学習へと変化しましたし、工場やごみ処理場などに訪れる学年も増えていきました。低学年でも、「春を探そう」「秋を見付けよう」といった生活科の単元の学習内容と親和性の高い訪問先を選び、活動の充実が図られるようにもなったのです。

極限まで業務を見直して、時間的なゆとりを生み出す

前述したように時間をつくり出すという点では、業務の見直しは大きなインパクトにはなりませんが、適正化を図ることができれば、先生方の「負担感」を減らせる取組にはなります。この点を重視して行った業務の見直しは次のとおりです。

1　週ごとの指導計画「週案簿」を電子化する

これまで冊子に手書きで記入し、管理職が押印していた「週案簿」をすべて電子化し、一括管理できるようにしました。「週案簿に管理職が押印しなくてもいいのか」と心配される方もいるかもしれませんが、ご安心ください。押印しなくてはいけないという法的な根拠はありませんし、押印することで先生方の力量が上がるわけでもありません。

週案簿への一言コメントは、「交換日記」のような校長と先生方との大切なコミュニケーションを図る機会だといった受け止めもあるとは思いますが、「本校では電子化したほうがメリットが大きい」と判断しました。ここでも「選択と集中」です。

また、全教員が閲覧できる共有フォルダをつくり、電子化した「週案簿」はすべてそのフォルダに保存したことで、「空き時間」の授業観察に役立たせることができています。

2　職員会議を廃止する

本校における職員会議の実態は、資料を確認するだけの場となっていました。先生方の貴重な勤務時間を使い、わざわざ一堂に会する価値を見いだせなかったことから、従来の職員会議という形式を改め、「企画会」としました。法令上、職員会議は必置ではなく、校長が主宰する任意設置ですから、法令上も問題ありません（学校教育法施行規則第四八条）。

「企画会」は各主任が校長室に集まって協議する場であり、そこで、確認された事柄は各主任が責任をもって全教員に伝達しています。

3　「学年だより」を廃止する

本校では、年度末に行う学校評価に替えて「プロジェクトチーム（通称「プロジェクト4」、第5章で詳述）を設けています。そのチームから、保護者向けの通信「学年だより」と、学校全体で発出している「学校だより」は内容の重なりが多いので、すべて「学校だより」に集約したいとの発案がありました。そこで、その提案を採用したところ、「学年だより」を作成していた教員の負担がずいぶんと減ったようです。

4　ペーパレス化・デジタル化を促進する

「学校だより」「給食献立表」などの保護者向けのお便りについては、電子メールアプリで送信することにしたことで、印刷機で印刷し、数え、各クラスに配付するといった作業をなくしました。地味ではありますが、時間も資源も削減できる取組で、これも先生方の負担軽減に一役買いました。

また、前述したとおり、「プロジェクト4」からの提案で、「学校だより」に各学年の内容を盛り込んだところ、予想以上に好評だったようです。

加えて、連絡帳による保護者とのやりとりをやめ、我が子を欠席させる連絡は専用のアプリを使ってもらうことにしました。そのようにしたことで、保護者にとっては連絡帳をクラスメイトに渡す手間がなくなり、先生方にとっては連絡帳への返事を書く手間から解放され、双方から好評です。このほかにも、保護者へのアンケートについても、ネット上で回答してもらい、集計も自動化しています。

5 熱中症指数を自動計測する

年を追うにつれ、夏の猛暑が厳しくなっている今日ですが、以前は時間を決めて定期的に教員が校庭などに出向いて熱中症指数を計測し、外遊びはどうするか、体育の授業はどうするかそのつど判断していました。

そこで、自動計測器を導入しました。これは、事務職員の発案です。校庭に設置した計測器が熱中症指数を計測し、インターネットを介してシームレスに学校のパソコンに送られる仕組みです。この計測結果は職員室のスクリーンに即座に映し出されるので一目瞭然です。計測値をもとにどう判断するかは教員の仕事ですが、それ以外の作業からは解放されました。

6　放課後遊びの管理を外部スタッフに委託する

本校では、放課後、校庭で子供たちが自由に遊べる機会を設定しています。

教育課程に位置付いた活動ではありませんが、事故が起きたらたいへんですので、これまでは数名の教員がつき、子供たちの安全管理を行っていました。この業務を外部スタッフに委託することにしたのです。

これは副校長の発案です。「体力向上」と銘打ち、教育委員会に対しては「特色ある教育活動の一環として行う」と申し入れ、外部スタッフの人件費を予算化することができました。

7　地域行事への関わり方を見直す

私たちの地域には、「わんぱく相撲大会」や「新春羽根つき大会」といった行事があるのですが、先生方が地域行事に参加する子供たちを早朝や放課後に集め、相撲や羽根つきの練習を指導していたのです。日曜日に行われる大会の引率も先生方でした。これは明らかに教員が担うべき業務ではなく、保護者が責任をもって携わるべきことです。

そこで、ＰＴＡとの会合の席で「地域行事は保護者が中心になって運営できないものか」と打診し、何度も話し合いを重ねました。保護者としては、これまで先生方が担ってきたことを自分たちでできるのかと不安感が大きかったようですが、提案に応じてもらえることになりました。先生方のほうも、急にすべてから手を引いたわけではなく、練習には顔を出して子供たちに声をかけたり、大会当日も多くの先生方が応援に駆け付けたりしていました。その結果、地域と学校との、これまでにはなかったほどよい距離感が生まれたのではないかと考えています。

8 学校独自の「学校携帯電話」を導入する

あるとき、土曜日に学校に出勤すると、学校の電話を使って保護者と連絡を取っている教員がいました。後で話を聞いてみると、「保護者にどうしても伝えなければならないことがあったのだが、私物の携帯電話を使うと自分の電話番号がわかってしまうため、土曜日だが出勤したのだ」と言います。

ほかにも、保護者に電話を掛けるだけのために、夜遅くに出張先から学校に戻ってきた教員もいます。また、校外学習や宿泊行事における引率時の保護者との緊急連絡は、先生方の個人の携帯電話で行うことが暗黙の了解ともなっていました。

以前は、担任の電話番号を保護者に知らせていたこともあったようですが、現在はそうしてはいません。夜間や休日に保護者から連絡が来るようになれば、先生方のプライベートを守ることができないからです。

そこで本校では、業務用の携帯電話を導入することを決めました。しかし、教育委員会に相談すると、「学校に配当された予算では、携帯電話の契約を行うことができない」との判断です。そこで、ＰＴＡに話をもちかけ、ＰＴＡが携帯電話を契約することで実現にこぎ着けることができたのです。

「働き方改革」としては些細なこともしれませんが、先生方はとても喜び、〝こうした配慮の積み重ねが大切なのだな〟とつくづく感じました。

9　通知表を作成する回数を減らす

昔は手書きで所見を書いていた通知表ですが、現在はパソコンを使って作成するのが当たり前の時代です。そうなるだけでも先生方の負担は軽減されたはずなのですが、現実にはそうなっていません。昔よりもはるかにチェック工程が増えたからです。

そこで、取り組んだのが学期ごとに年間三回作成していた通知表を二回にするという取組です。これは、本校単独で実現できるものではなかったことから、まず校長会から教育委員会に要望をもちかけ、二年越しでようやく実現まで漕ぎ着けることができました。

これを受けて、すぐ年二回に切り替えました。ただし、地域の小学校はみな前期と後期という考え方で、九月末と年度末にする方法を採用しましたが、本校は異なります。二学期の通知表を廃止し、一学期末と三学期末の二回としたのです。これは本校の教員の意見を取り入れた判断です。

問題はどのようにしてこの取組への賛同を保護者から取り付けるかです。「通知表を三回から二回にしました」という説明だけであれば、〝先生が楽をしたいだけだな〟と感じさせてしまうでしょうから。こうしたことから、個人面談「通知表プラス」を一二月に実施することにしました。

この面談では、ノートやプリント、作品などを示しながら、丁寧に子供の学習状況を示します。保護者からは「うちの子がどのように学習しているのかが、通知表よりもよくわかります」と好評です。

先生方に対しては、「通知表を作成するよりもたいへんになっていませんか?」と尋ねたところ、「面談のほうが気持ちが楽です」との声が多数あがったことで、私自身も胸をなで下ろしました。

＊

参考までに、勤怠管理システムの記録をもとに、本校の平均残業時間がどのように変化したのか示しておきたいと思います(**資料1**)。比較対象は、学校行事の多い一一月としています。

資料1　平均残業時間の変化(11月期)

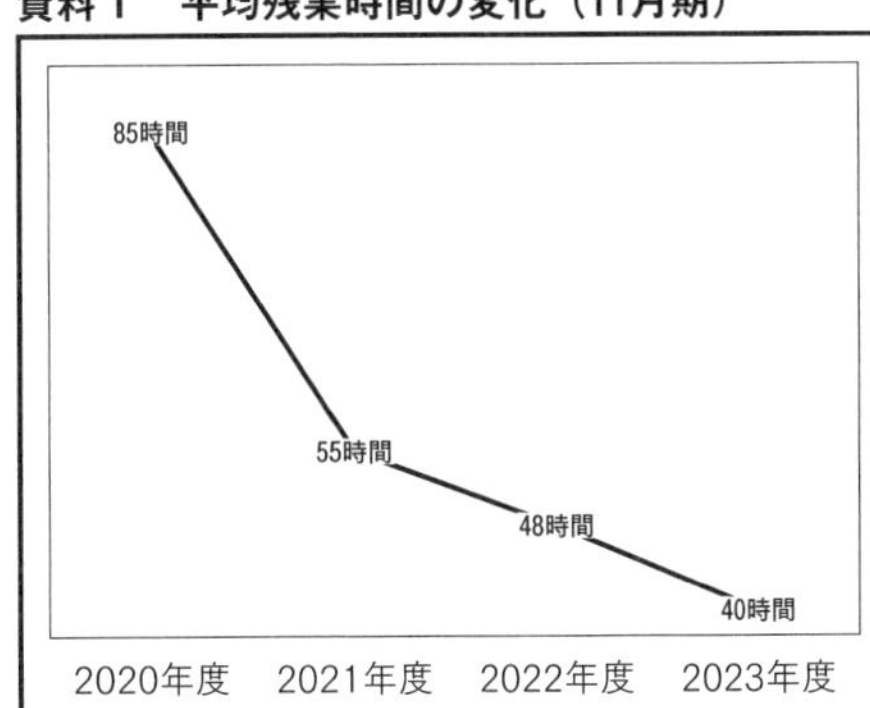

二〇二〇年度は、すべての先生方の平均残業時間は一人当

たり約八五時間ほどでしたが、三年後の同月には約四〇時間まで減少しています。ちなみに二〇二三年度の一一月は全国研究発表会を開催した月でもあります。

まだ改善の余地はあるのでしょうが、以前に比べればずいぶんと先生方の「時間的なゆとり」が生まれたと言えるのではないでしょうか。

過度の負担感や生活指導のリスクを減らして、精神的なゆとりを生み出す

1 「学芸会」をやめたのは何のためか

第1章でも触れましたが、本校では演劇発表の「学芸会」を、毎年度、音楽会「ミュージック・フェスティバル」を開催することに改めています。そのようにした理由は次のとおりです。

(1) 一学年一〇〇人近い子供すべてにセリフを割り当てて舞台に立たせる劇づくりが現実的ではなくなったこと

私が小学生だった頃は、舞台に上がる子供もいれば、大道具係や衣装係、照明係など裏方の仕事に携わる子供もいて、表舞台も裏舞台も子供たち全員でつくりあげるのが劇でした。しかし、現在では、我が子の配役を巡って保護者からクレームがつけられることも少なくなく、すべての子供にセリフを割り振る配慮をしてきました。しかし、子供の人数が増えたことで、そうするこ

とが難しいと判断しました。

(2) 先生方が担う裏方の仕事量が膨大だったこと

子供たち全員を表舞台に上げるということは、台本から衣装や大道具の作成、当日の照明や音響の操作といった裏方の仕事をすべて教員が担うということです。加えて舞台演出の仕事もあります。この負担は相当なもので、看過できるものではありませんでした。

こうしたことから、「学芸会」「音楽会」「展覧会」を、年度ごと分けて実施する学校もあるくらいです。

(3) 教科学習として授業時数の置き換えができないこと

例えば「音楽会」であれば、練習を音楽の授業として置き換え可能ですし、「展覧会」の作品づくりは図工や家庭科の授業として置き換え可能です。しかし「学芸会」については、そうはいきません。純粋に学校行事として授業コマ数を増やして対応することになります。

(4) 「生活指導のリスク」を減らすこと

これは、学校が荒れていた本校ならではの最大の理由です。

「学芸会」の練習は、舞台に上がっている数名の子供たちで行います。そのため、その他大勢の子供たちは、体育館の後方で長時間待機していなければなりません。ここが、先生方の指導の死角になります。

教員の目がないと、途端にあちこちで子供同士のトラブルが起きます。すると、練習どころで

資料２　ミュージック・フェスティバルの様子

はなくなるのです。こうした生活指導上の諸問題を減らすことを意図していました。

２　なぜ音楽会「ミュージック・フェスティバル」としたのか

一言で言うと、合唱や合奏であれば子供たち全員を主役にできるからです。

一つの合奏をつくり上げる子供たちの達成感は大きいものがあります。加えて、すべての子供たちがずっと舞台に上がっていることから、鑑賞する保護者にとっても嬉しい催しとなります。一瞬の出番しかない「学芸会」よりもはるかに、保護者の満足感が高いと言えます（資料２）。

さらに、練習中はすべての子供たちが正面を向いて舞台に立つことから指導の死角がなくなります。また、学年の先生方がチームで指導するので、子供同士のトラブルを未然に防ぐことができるようになるのです。さらに、「学芸会」とは異なり、待機時間がなくなるのもトラブル回避に一役買っています。このように、生活指導の観点から見ても万全な指導体制を整えやすいのが「ミュージック・フェスティバル」なのです。

3 「展覧会」から「デジタル展覧会」へ移行する

本校では、「ミュージック・フェスティバル」を行うことにしたのと同じ時期に「展覧会」を行うこともやめています。理由は次のとおりです。

- 「展覧会」の会場設営や展示の作業は、ほとんど教員が行うので、子供たちが主体性をもって取り組む余地がなく、達成感が皆無であったこと。
- 図工の教員が、「展覧会」という三年に一度のイベントではなく、日常的に子供の作品を展示することによって、鑑賞教育に資するようにしたいという考えをもっていたこと。

子供たちの作品をすべて常時展示できるスペースは学校にはありません。そこで、子供たちの作品を写真撮影しておき、一階の昇降口に設置した大型スクリーンを使って映し出す「デジタル展覧会」を行うことにしたのです。

登下校中や休み時間などに、子供たちは立ち止まっては興味深そうにいろいろな作品を鑑賞しています。子供たちばかりではありません。来校した保護者や地域の人たちも足を止める催しとなっています。

4 一斉掃除を廃止する

子供同士のトラブルはさまざまな場面で起きますが、その代表格とも言えるのが、「一斉掃除」の時間です。各学級に割り当てられた掃除場所に分かれて行うので、教員の目が行き届かなくなるからです。

この一斉掃除をどうしようかと考えていたのと同じ頃、体力向上策についても検討を重ねていました。検討の場では、休み時間を延長し、子供たちが校庭を走り回れる時間を確保するという案が出されたのですが、そうするには一日のうちのどこかの時間を削らなければなりません。そこで、生活指導の先生方と話し合い、一斉掃除をやめることで、その時間を捻出することにしました。

掃除そのものをやめたのではなく、一斉に行うことをやめたのです。つまり、給食当番と同じように当番制にして、放課後に当番の子供たちが、担任と一緒にささっと短時間で掃除をする活動にしたのです。このように本校では、一斉掃除を通して勤労・奉仕の精神を涵養するよりも、体力向上と子供同士のトラブル回避を選択したわけです。まさに「選択と集中」の経営判断です。

実際にそうしてみたところ、それまで毎日のように起きていたトラブルがまったく起きなくなりました。これには先生方も驚くほどで、休み時間を延長するために行った取組が、想像以上の効果をもたらすことになりました。

5 校舎の同じ階のフロアに異学年を配置する

年度当初に管理職の頭を悩ませることはたくさんありますが、その一つが学級編制です。一学年一学級の学校であれば考える余地はないのですが、学校規模が大きくなるほどに「どの子とどの子は一緒にしないほうがよいのではないか」とか、「指導が難しい子供たちを一箇所に集めて、力のある教員に立て直しを図ってもらうことは可能か」などと思慮をめぐらせる必要が生じます。

これと同じ悩みが、校舎内の教室配置にもあります。「あの学年とあの学年を一緒の階にすると、廊下や流し場、トイレなどでトラブルが起きやすくなるのではないか」といったことへの配慮です。こうした視点から、本校では教室配置を全面的に見直すことにしました。

実際に行ったある年の教室配置は次のとおりです。

(1) 一年生と六年生の教室を同じ階のフロアにする

実際にそうしてみたところ、教員が何を言うともなく、一年生が何か困った様子をしていると、六年生が率先して手を差し伸べるようになりました。加えて、一年生の手本になろうと、休み時間などに廊下を走り出す六年生がいなくなり、逆に廊下を走り出す一年生を見かけると注意する姿まで見かけるようになったのです。

(2) 三年生と五年生の教室、二年生と四年生の教室をそれぞれ同じ階のフロアにする

廊下や流し場、トイレなどでのトラブルが明らかに減っています。

これはおそらく発達段階に開きがあることから、三年生は「何か悪さをしたら五年生に怒られるかも…」、逆に五年生は「三年生に笑われるようなことをしたくない」などとそれぞれの目を気にするようになったのではないかと推測されます。二年生と四年生においても同様です。これはお互い、いい意味で自制心が働くようになったと言えるのではないでしょうか。

こうしたことから、一年生と六年生の教室が二階にあったり、二年生と四年生の教室が四階にあったりするなど一般的な教室配置とは異なります。

時折、この教室配置に気付かれる来校者がいます。みなさん決まって不思議そうな顔つきで質問されるのですが、どのような意図でそうしているのか説明すると深く頷き、納得されます。ちょっとした取組ではあるのですが、抜群の効果を実感しています。

6 「水泳カード」をやめる

多くの学校では、水泳の授業が始まると、「水泳カード」に体温の記載と保護者の押印を求めることがあります。この水泳カードを忘れたり、押印がなく保護者に連絡も取れなかったりすると、水着やタオルなどの準備はできていてもプールに子供を入れず、プールサイドで見学させることになります。

泳ぐのが苦手な子供であればいざ知らず、楽しみにしていた子供はとても残念がって家族に話をし、その後「ちょっとひどくないですか」などと苦情の電話が舞い込むこともあります。

そこで、私は思いきって「水泳カードをやめませんか」と教員に提案してみました。すると最初のうちは「保護者の確認なしに子供をプールに入れて、事故でも起きたら責任を取れない」などと反対する教員のほうが多かったのですが、次のように説明して先生方の納得を得ました。

●学校に子供を登校させた時点で、保護者は子供の健康・体調に問題はないと判断している。
●水泳は体育の授業の一環として行う教育活動である。子供の健康・体調面で心配なことがあるのであれば、学校側から押印を求めるのではなく、保護者から連絡してもらうのが筋である。
●水泳カードやカードへの押印を忘れただけで見学を強いることは、子供の学習機会を奪うだけでなく、心理的な影響も無視できない。

保護者への通知に、右に挙げたことを理由として「水泳カードをやめること」「健康や体調に不安なことがあれば事前に連絡または相談いただくこと」を記して出したところ、保護者からはクレームどころか、問い合わせの電話すらありませんでした。

この点のみをもって決めつけるわけにはいきませんが、学校は先々のトラブルを怖れて張った予防線によって、かえって無用なトラブルを引き寄せてしまうという面があるような気がします。

ところで、中学校や高校では、保護者の押印を求めるようなことはしていないようですから、小学校特有の「文化」なのかもしれません。こうした些細な取組でも、ひとたび「文化」になってしまえば、変えるのが難しくなることを示す例だとも言えるでしょう。

7 水泳「進級カード」をやめる

「水泳カード」と並行して、泳力を記録する「進級カード」もやめることにしました。

その理由は次のとおりです。

●学習指導要領では、水泳は中学年以上の内容となっており、低学年では水遊びが中心とされていることから、そもそも「進級カード」というものは適していないこと。

●学習指導要領は「運動の楽しさや喜びを味わい、その行い方を理解」し、そのうえで種目ごとの技能を見付けられるようにすることを重視しており、「泳ぐ速さ」や「他者とタイムを競い合うこと」を求めているわけではないこと。

水泳「進級カード」には、「水中に頭まで潜れる」「蹴伸びができる」「一〇メートル泳げる」「二五メートルを三〇秒以内で泳げる」など、技能的な段階が設定されています。学習指導要領にも技能が例示されていたり、解説にも「仲間との競争やいろいろな課題に取り組むこと」や「児童が自己の能力に応じた課題」をもって取り組むことも示されていますが、水泳「進級カード」ほどに細かくはありません。水泳「進級カード」はあくまでも学校独自の基準なのです。

さらに私が問題視したのは、泳力に応じて級ごとに色分けし、水泳帽に大きく表示までしていることでした。これは、過度な競争意識を子供に植え付けていると考えざるを得ません。水泳が苦手な子供にとってこの水泳帽は、忌むべき烙印にほかならないのです。

現在本校では、どの学年・教科等においても、学習指導要領の定めに独自の基準を付け加えるような取組はしていません。その結果、とても平和で穏やかな教育環境が実現されています。

第４章

［アクション③］

教育の質を高める

ここまで述べてきたことは、「教員が子供と向き合う時間的・精神的なゆとりを生み出す」ことによって、教員自身が主体的に授業改善に取り組めるようにする環境づくりです。環境が整えば、授業改善への機運が高まることは間違いありませんが、だからといって即座に、教員一人一人の授業力が上がるわけではありません。

ましてや本校は、中学受験を目指して低学年から学習塾に通う子供の多い学校で、ずいぶん長い間、「授業がつまらない」と子供に思わせてきたという経緯があります。この**授業を抜本的に変えることができてはじめて、子供も保護者も学校の授業に意味や意義を感じられるようになり、本当の意味で学校は再生される**のです。

そこで本章では、「教育の質的な向上」にフォーカスし、授業改善に資する取組について述べていきます。

交換授業（教科担任制）を推進する

本校では、「交換授業」に取り組んでいます。これは、「プロジェクトチーム（通称「プロジェクト4」、次章で詳述）からの発案です。日頃から「部分的に教科担任制を取り入れると、効果的・効率的な教材研究を行えるようになる」と説明していたことへの先生方からのリアクションの一つでした。

1　交換授業の形態

この交換授業の形態は、次に述べる三つに集約することができます。

(1)　教員の指導力を平準化し、学年経営の安定を目指す交換授業

ある年の三年生の学級では、授業中に立ち歩きが目立つようになっていました。最初のうちは、特別に支援を要する子供が中心だったのですが、その子に引きずられるようにして、段々と周囲の子供たちの落ち着きもなくなり、恒常的に担任の指示が通らない状態に陥っていました。この原因は、言うまでもなく担任のA先生の経験不足です。とはいえ、教職経験の少ない臨時的任用教員でしたから、「力を付けてください」と促すだけでは酷な話です。

そこで、取り入れたのが交換授業です。

実は、同じ学年の学年主任のB先生がその学級で授業を行ってみたところ、それまでとは打って変わり、落ち着かなかった子供が驚くほど授業に集中し、意欲的に学習に取り組んだのです。それと並行して、A先生が学年主任の学級で授業を行ったところ、子供たちの学習が成立していました。これは、B先生による学級経営がうまくいっていたからにほかなりません。

それ以後、学年全体で安定した授業を行えるようにすることを目的として、A先生とB先生の間で「交換授業」を行うことにしたところ、年間を通じてとてもうまくいったのです。このケースでの交換授業は、教科等によらず必要に応じて行っていた点に特徴があります。

(2)　効果的・効率的な教材研究を行うことで、子供が面白いと思える授業を目指す交換授業

前述したように本校では、中学校受験を目指す子供の割合が高く、六年生になる頃には受験用の先行知識をもっています。そうしたこともあり、保護者からは頻繁に「担任の授業がつまらないと子供が言っている」といった相談や苦情が寄せられていました。事実、廊下から授業を覗いてみるだけでも、子供が退屈そうにしている姿が見て取れました。

ただ、六年生を受けもつ各担任が授業づくりを怠っていたわけではありません。少しでもよい授業にしようと教材研究に取り組んでいました。しかし、それでもなお、子供たちの学習意欲を喚起することは難しく、保護者の不満も解消されないままでした。

そこで行ったのが、社会科と理科の授業を分担する「教科担任型の交換授業」です。自分たちが得意とする教科を分担することで、より深く教材を研究できるようになり、加えて学年の学級数分だけ同じ授業を行えるようになったことで、子供の反応を見ながら授業の精度を上げられるようになっていったのです。

(3) 複数の教員の目で子供を見取り、学年全体で問題解消を目指す交換授業

ある年の二年生は、特別な支援を要する子供や配慮を要する子供が多く、ある学級では個別対応に追われているうちに学級全体が落ち着かなくなりました。そこで学級全体を落ち着かそうとしたところ、今度は個別対応がままならなくなるという悪循環に陥っていました。

第二学年には図工や音楽など専科教員が担当する授業がなく、いわゆる空き時間がありません。加えて、当時はまだ放課後などに子供たちの話題を語り合える状況にはなっていなかったことも

あって、自分が抱えている問題を学年の先生方に打ち明けて解決の糸口を探ることができず、担任一人が悩みを抱え込む状況が続いていました。

そこで取り入れたのが、各学級の道徳科授業をローテーションする交換授業です。例えば、一組の担任が二組の授業を行い、二組の担任が三組の授業を行い、三組の担任が一組の授業を行うといったローテーションです。そうすることで、各担任が他の学級の子供たちの状況を把握できるようになり、問題が起きている学級に対して、学年の先生方がチームとなって組織的に対応できるようになったのです。

*

このように、交換授業をはじめたきっかけや目的は学年によって異なりますが、けっして場当たり的に行っていたわけではありません。学年・学級経営の安定を目指し、各学年の実態に応じて年間の指導計画に位置付けて実施していました。

また、これらの取組は、私がトップダウンで行うように指示したのではなく、働きかけはしたものの、その内容や方法は各学年の先生方からの要望と発案によって実現したものです。「限られたリソース（経営資源）をどう生かすか」という意識が浸透してきたことを私は感じ取っていました。

資料1　アンケート結果①

第1学年	89%
第2学年	78%
第3学年	**90%**
第4学年	86%
第5学年	88%
第6学年	**98%**

資料2　アンケート結果②

第1学年	52%
第2学年	**59%**
第3学年	45%
第4学年	38%
第5学年	19%
第6学年	48%

2　児童評価（児童アンケート）の結果から見えてきたこと

本校では、すべての子供たちを対象として、年度末に「児童アンケート」を実施していますが、そのうちの「授業の内容はよくわかりましたか」という質問に対して、交換授業（教科担任制）に積極的に取り組んでいた三年生と六年生が、他の学年よりも肯定的に回答していたことが明らかになりました（資料1）。

同じく交換授業を取り入れていた二年生はというと、肯定的な回答が他の学年よりも低い結果となっていました。これは、週に一単位時間のローテーションによる道徳で、頻度が少なかったことと、交換授業を行うことのそもそもの目的が、子供理解にあったからだと推察されます。

というのも、「悩みなどを先生に話しやすいですか」という質問に対しては、「話しやすい」と肯定的に回答した二年生の子供が、他の学年よりも多かったからです（資料2）。おそらく、交換授業を軸とした学年対応が功を奏し、教員と子供たちとの関係がより望ましいものとなっていたのだと考えることができます。

一口に交換授業といっても、どのような状況に対し、どのような目的で、どのように実施するかによって大きく左右されると思いますが、子供の実態と先生方の思惑がうまくはまれば、期待以上の教育効果を得られることがわかりました。

他の学級の授業を参観する「ＯＪＴウィーク」を実施する

1　他者の授業から学ぶ

次の一文は胸に突き刺さります。

授業を見なければ、授業は変わらない。授業を見せなければ、授業は変わらない。授業研究でしか、授業は変わらない。　＊澤井陽介著『授業の見方――「主体的・対話的で深い学び」の授業改善』東洋館出版社

また同書では、次のようにも述べられています。

他者の授業を見る行為は、言うなれば教師自身の問題解決的な学習そのものです。いくつかの視点に基づいて見ることによってはじめて、参観者（自分自身）にとってその授業に意味と価値が生まれます。そして、その意味と価値を材料として自分の授業の問題解決を図っていく、そういう種類の問題解決的な学習なのです。

授業を見る目は、知らず知らずのうちに、あなたの授業を変えてくれます。（中略）授業を見る目が磨かれれば、授業はどんどんよくなる、もっとおもしろくなるのです。

誤解を恐れず、私なりの解釈を付け加えると、「研究授業の真の主役は参観者である」ということです。参観者にとって授業改善につながる学びがあってこその研究授業だと考えているからです。

そこで本校では、図工や音楽など専科教員が授業を行っている間の「空き時間」などを活用し、先生方が他の学級の授業を日常的に参観できる取組を始めました。そうすることができたのも、これまで述べてきた取組を通して、先生方が子供たちと向き合い、授業改善に取り組める時間を生み出してきたからにほかなりません。

先生方に対しても、「これまで行ってきた『働き方改革』は、本校の教育の質を向上し、学校を再生することです。そのために、いろいろな先生方の授業を見て学び、自分の肥やしにしてください」と何度も繰り返し伝えていました。少々強めの口調だったと思いますが、意図するところは十分に伝わったように思います。

2　相互授業参観システム「ＯＪＴウィーク」を位置付ける

ただそうはいっても、研究授業などではない平素の授業を見合うというのは、先生方にとってハードルの高い取組でもあります。同じ学年であっても、他の教室にはなかなか入りにくいですし、つくり込んだ授業ではなく、自分の素の授業を見せるというのも気が引けるものです。要は慣れなのですが、そうなるまでの精神的な壁は、高く厚いということです。

そうした中、当時の副校長から「『ＯＪＴウィーク』を位置付けたらどうでしょうか」と提案されました。「週ごとの指導計画（週案）に、どの学年の何の授業を参観するのか明記するようにすれば、好むと好まざると得ず先生方が行動しやすくなるのではないか」という考え方です。

このときにはすでに週案が電子化され、共有フォルダから誰でも閲覧できるようになっていましたから、すぐに行動に移すことにしました。

すると今度は、ベテランの先生から「参観した授業について意見交換をしないと意味がないから、『ＯＪＴウィーク』を行った放課後には、できるだけ会議を入れないほうがいい」との意見が出されました。私としては、これもまた願ってもない提案です。

このようにして、日に日に「ＯＪＴウィーク」が定着していき、現在では先生方が授業を見合い語り合う姿は珍しいものではなくなりました。

「時間を生み出し、その時間を授業改善に生かす」この好循環が着実に回り始めています。

本気で問題解決的な学習を行う授業を研究する

1　学校を再生する切り札として全小社研全国大会の会場校に名乗りをあげる

本校に着任して間もないころ、東京都小学校社会科研究会の会長から「二〇二三年度に予定されている社会科の研究発表を引き受けないか」という打診を内々に受けていました。ずいぶん前に、本校が研究発表会を開催したことがあったことと、私の専門が社会科教育だったことで依頼されたのだと思います。

もちろん素晴らしい申し出ではあったのですが、そう簡単に承諾できる事柄ではありません。全国大会の会場校の一つとして研究成果を発表しなければならないという大役ですし、何よりこれから学校を改革してこうと考えていた矢先のことでしたから。

ただここで、私は発想を変えることにしました。全国研究発表会は約三年後です。この三年という期間内に本校を再生できなければ、私の考える「学校改革」は失敗です。

逆に言えば、学校改革を軌道に乗せることができれば、研究大会でも全国の先生方の役に立てる研究成果を示せるはずです。そこで、全国研究発表会に向けた研究を通じて本校の授業改善を加速させる、つまり**学校を再生するための手段として全小社研全国大会の会場校に名乗りをあげることにした**のです。

全国研究発表会の会場校になれば、国の教科調査官を務めたことのある専門家や研究者を講師として招くことができたり、都内の力のある先生方の助力を受けられるようになったりするなど、幅広い支援を受けられる体制が整います。数年で先生方の授業力を向上させるまたとないチャンスになるのです。

研究発表を引き受ける理由としてはいささか不純だったかもしれませんが、私たちの学校においては一縷の望みをかけたチャレンジだったのです。

2 どのように先生方に伝え、納得してもらったのか

とはいえ、引き受けることを決めたものの悩みがありました。それは〝このことを、どのようなタイミングで、どのように先生方に伝え、納得感をもって賛同を得るか〟です。

全国研究発表会の会場校ともなれば、何百人もの先生方が全国から集まってきます。そのスケールや期待値は桁違いですから、会場校の責任は重大です。授業を公開し、研究成果を発表しなければならない先生方の負担は想像以上に大きいことでしょう。

加えて、タイミングや伝え方を間違えれば、先生方の負担感を払拭するどころか逆に増やしてしまいかねません。まして、〝新しく着任した校長は、学校や子供たちのことよりも、自分の名声を高めたくて引き受けた〟などと受け止められてしまえば、先生方の心をつかむことはできず、学校再生も望めなくなります。

そこで、私が行おうとしていた学校改革を先生方が「本当に必要だ」と感じ、授業改善への機運が高まるまでの間、研究発表会のことは伏せておくことにしました。そのときがきたら、私の言葉で丁寧に説明しようと考えたのです。

着任後の最初の一年間は、国語科「ユニバーサルデザインの授業づくり」について研究することに決まっていました。これは、前年度からの引継ぎです。これまで述べてきたさまざまな学校改革に着手しながら、国語UDに関する研究を進めつつ、全国研究発表会の会場校となっていることを先生方に伝えるチャンスをうかがっていました。

そうしているうちに一年が過ぎようとしていたある日のことです。ベテランの教員が校長室を訪れ、次のように切り出してきました。

「次年度のことですが、校長先生は社会科の研究をやりたいのですよね。みんなちゃんとわかっていますから、しっかりと校内の先生方に伝えたほうがいいですよ」

このとき、私は心を決めました。

二月の校内研修で私が講師となり、社会科授業づくりの魅力を精一杯プレゼンしました。これまで自分なりに研究してきたことを総動員し、できるだけわかりやすく先生方に伝えた上で、次のように呼びかけました。

「およそ二年後の一一月、本校は全小社研の全国大会で研究発表を行うことにしたいと思います。驚かれた方も多いでしょうが、先生方であればきっと素晴らしい提案ができると考えています。

そこに向けて、一緒に授業改善を進めていきましょう」

「そんなことを急に言われても…」「準備が間に合わない」「なぜいままで言わなかったのですか」といった声が上がるかと思っていたのですが杞憂でした。先生方はみな真剣なまなざしを向けてくれていました。

〝児玉校長のことだから、近いうちにそんなことになるんじゃないかな〟と何となく匂いを感じ取っていたのかもしれません。いずれにしても、先生方は一様に覚悟を決めてくれたようでした。

3 どのように研究内容を決めたのか

本校には当時、社会科を専門とする教員は一人もいませんでした。それどころか、社会科の学習指導案を書いたこともありません。そうした中にあって、最初の課題は「どのような研究内容にしたらよいか」「社会科を専門としている全国の先生方にとって役に立つ研究はどうあるべきか」「研究の顔とも言うべき研究主任を誰にするのか」を明らかにすることでした。

まずは、研究内容です。

社会科を研究したことのない先生方でしたから、研究内容についてはシンプルにする必要があります。そこで掲げた研究内容は、「問題解決的な学習」と「地域教材の開発」の二つです。社会科では使い古されたテーマではありますが、「問題解決的な学習」については、教科等を問わず応用の利くテーマです。また、シンプルであるがゆえに、その分、教員一人一人の力が試され

資料３　主体的に「問い」を追究するための手立て（日本橋スタイル）

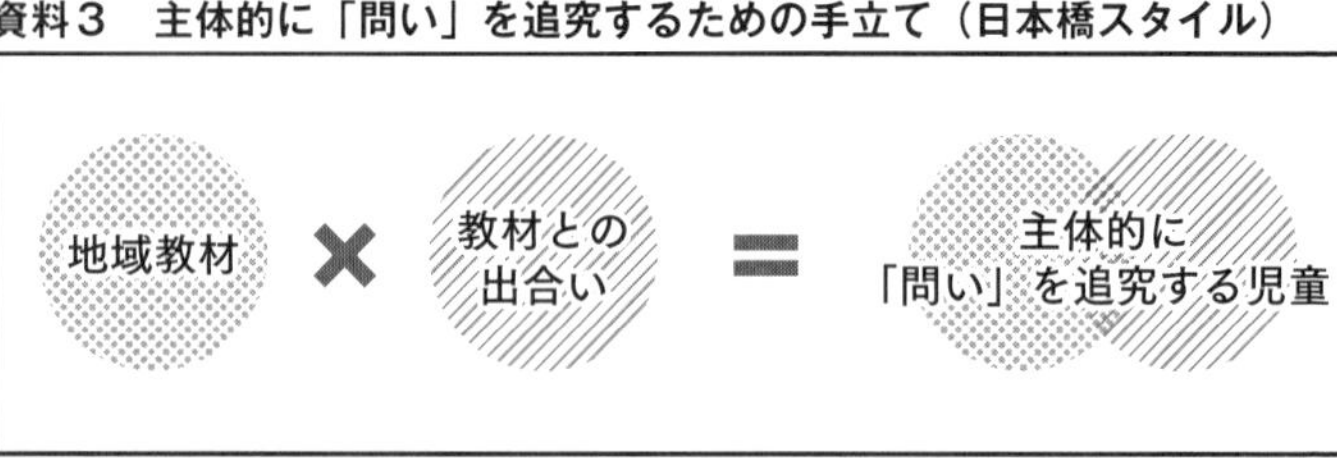

ると言えます。本校の授業改善を進める上で最適だと考えました。

「地域教材の開発」のほうは社会科の肝になる取組です。のみならず、子供たちにとって学習塾で習う知識だけでは太刀打ちできない歯ごたえのある授業にできる可能性があります。

教科書をなぞるだけの授業ではあくびが出る子供たちも、身近な教材や不思議な社会的事象を目の当たりにして、〝どうしてだろう〟〝何でだろう〟と知的好奇心をかきたてられれば、主体的に学んでくれるようになるはずです。

とはいえ、それだけでは本校限りの授業改善とはなり得ても、全国から集まってくる先生方には物足りない研究となります。そこで、研究の特色として、毎時間「問い」を子供にもたせる実践に取り組むことにしました（資料３）。

一般的な社会科の学習展開では、単元の導入段階で「問い（学習問題）」をもたせる工夫はするのですが、その後は毎時間の「問い」という「ねらい」に即して学習が進んでいきます。この「ねらい」は教員から示されるものなので、子供からすれば「やらされ感」があります。それを子供が自ら答えを出してみたいと思える本当の「問い」に置き換える授業を構想することにしたのです。

この毎時間の「問い」はすべて、子供たちの生活圏にある身近な社会的な事象に関するものなので、受験学力では答えを見付けることができません。そのため、「学校の勉強なんて、知っていることばかりでつまらない」「意味がない」と感じている子供の認識に楔を打つことができます。

ただし、実際に行ったことのある方であればわかると思いますが、このこの授業づくりは教員にとってハードルが高いチャレンジです。しかし、繰り返し述べてきたように問題行動こそ絶えない子供たちでしたが、学習塾通いで先行知識が豊富で勉強する能力の高い子供たちです。単元という長丁場で一つの「問い（学習問題）」の解決を図るよりも、毎時間の「問い」への答えを考えられるほうが集中を切らさず、主体的に学ぶはずです。つまり、本校の子供ならではの研究内容だということです。

4　どのような人材を研究主任に充てたのか

私たちには、全国大会に向けて研究を進めていくにふさわしいリーダーが必要でした。誰にこの大役を託すか。人選を間違えれば、大会でまともな提案ができなくなるばかりか、学校改革そのものが画餅に帰します。

そのため、当初はベテランの研究主任の続投も考えてみました。以前、人権教育の研究発表をやりきった実績と経験がありましたから、間違いのない人選です。しかし、私はあえて若手の教員を指名することに決めました。

実績・経験のある教員を研究主任にすると、これから力量形成を図っていこうとしている先生方の依頼心や依存心が高まり、自身の授業改善を受け身にしてしまうおそれがあったからです。一部の教員が活躍できるような研究では、本校の学校改革を成し遂げることはできません。すべての教員を研究の表舞台に上げる必要があったのです。そのように考えて私が指名した教員は、研究主任を経験したことがない若手の教員でした。

繰り返しになりますが、研究発表会は学校を再生するための手段の一つです。すべての先生方の授業を改善して崩壊の危機に直面していた学校を立て直し、二度と崩れない強靭な学校をつくることです。そのためには、若手を中心に据え、全教員が一丸となって研究を進めていくことが、どうしても必要だったのです。

研究主任となった教員は社会科に関わる専門書を何冊も読み、気付いたことをメモし、まとめ、そのつど先生方に説明していました。その献身的な姿勢は、先生方の心を動し、研究に対する意欲を燃やしはじめました。ベテランの先生たちも率先して教材開発に取り組み、率先して実践を公開し、若手に多くの気付きをもたらしてくれました。このようにして、研究が音を立てて大きく動き始めたのです。

しかし、事はそう簡単にいくものではありません。いよいよ研究発表会の年度を迎えようとしていた矢先、その研究主任は他校に異動せざるを得なくなりました。制度とはいえ、私たちにとっては厳しい人事でしたが、致し方ありません。

次の研究主任を誰にするか。私はやはり若手の教員に担ってもらうことにしました。彼女もまた研究主任を経験したことはありません。社会科の研究経験もありません。何しろ、図工専科の教員でしたから。

異例と言えば異例の人選です。これまで全国研究発表会を担う研究主任は、例外なく対象となる教科等を専門に研究している教員です。社会科の研究を進める牽引役を図工専科の教員が務めるというのは前例にないことだったのです。

それでもなお彼女を推したのは、彼女はいつ・いかなるときも、周囲に対して笑顔を絶やさず、コミュニケーション能力が高く、子供たちからの信頼も厚く、そして、よりよい授業を追い求めようとする前向きな教員だったからです。〝「この先生ががんばっているなら、私たちもがんばらなくては」そう他の先生方に思わせてくれるのではないか〟という期待がありました。

ただそうはいっても、本人が〝何としてもいい研究をつくりあげるぞ〟と、その気にならなければ話になりません。校長室で打診すると、とても驚いていましたが、即答で快諾してくれたので、私はほっと胸をなで下ろしました。

この分掌を聞いて他の先生方は一様に驚き、心配する声も上がりましたが、すぐに杞憂だったことに気付きます。新しく務めることになった研究主任も、前任者に負けないくらい熱心に勉強し、学習指導要領や解説を読み込み、先生方とも積極的にコミュニケーションを図ってくれたからです。こうしたことのおかげで、研究発表会に向け、全校体制で研究を進めていく体制が整ったのです。

次に紹介するのは、全国研究発表の年度に研究主任を務めてくれた図工専科・奥田主任教諭の寄稿です。

〈寄稿〉

日本橋小学校で進めた改革は至ってシンプルなものでした。

児童の知的好奇心をくすぐる、教科そのものの面白さで勝負する面白い授業をすれば、子供たちは自然と授業に惹き付けられるから、荒れることはない。学校生活の大半は、授業なのだから、まずは授業を改善しなさい。

そのために、行事は精選、会議も縮小、形骸化した業務はガンガンなくす。ＩＣＴも積極的に活用しますよ。反対に、授業改善、準備や子供と向き合う時間、保護者との信頼関係を築く時間は十分に確保しなさい、といった具合です。

残された仕事にはどれも必然性があり、努力は必ず自分に返ってくるものばかりだったので、負担だと感じることが少なかったのだろうと思います。日本橋小学校で改革したものは、もしかしたら教員の意識だったのかもしれません。

校長自身が日頃から職員室や校内をうろうろして教職員や子供とコミュニケーションを取る

ことを大切にしていたことも印象的でした。私が大した用事もないのに校長室に行っても、決して嫌な顔をせず、ニコニコと他愛もない話に耳を傾けてくれたことを今でも思い出します。

シンプルでブレない児玉校長の考え方は、着任当初から教職員に配ってくれる「校長だより」にもよく表れていて、保護者に対しても、教職員に対しても、子供に対しても、常に一貫した姿勢で接する児玉校長は、管理職としてとても頼りになる存在でした。ちなみに、「校長だより」は面白い読み物なので、私はずっと取っておいています。

このような校長から、図工専科の私が社会科の研究発表会の年の研究主任をやらないか、と打診された時は、流石にびっくりしましたが、そのような突飛な提案を引き受け、やってみようと思えたのは、先生との日頃のコミュニケーションと、困ったら必ず助けてくれる、という大きな安心感があったからだと思います。当時を振り返ってみると、不思議と不安よりも、任せてくれたことへの嬉しさが大きかったことを覚えています。

研究主任としての一年は、自分の至らなさを痛感し、上手くいかないことも多かったのですが、それでも、側で児玉校長をはじめ多くの先生が励まし続けてくださったお陰で、何とかやり遂げることができました。

児玉校長は日頃から、人との出会いは大切だよ、と話してくださいました。私にとって、児玉校長との出会いは、まさに大切な出会いとなりました。

元日本橋小学校主任教諭　奥田　良英

5　何が先生方の授業力向上を牽引したのか

このように、先生方が一丸となって授業改善を進めていく体制を整えることはできましたが、それだけで全国の先生方にとって有用な研究成果を発信できるほど甘いものではありません。本校の先生方の授業力向上の裏にはたくさんのサポートがあります。

一つ目は、東京都小学校社会科研究会（都小社）の先生方のサポートです。

本校の研究の趣旨や意図を理解し、研究授業を行う日だけでなく、何度も来校しては授業を観察し、多面的・多角的な目線で忌憚のないアドバイスを先生方にしてくれていました。本校には社会科を専門とする教員がいないこともあって、たいへん大きいものがありました。

二つ目は複数人にも及ぶ講師による指導・助言です。

本校では、短期間で研究を深めるためにも、できるだけたくさんの研究授業を行うことを決めていました。しかし、研究授業をやりっぱなしでは改善にはつながりません。専門家から一つ一つの授業を検証し、指導・助言をもらう必要があります。加えて、すべての学級で研究授業を行うことにしていましたから、一人の講師で対応いただくのは現実的ではありません。そこで私が普段からお世話になっていた多くの方々に相談したところ、みな快く講師を引き受けてくださったのです。

いずれの講師も、大きな会場でたくさんの教職員に向けて講演するような著名な方々ばかりです。教科調査官（文部科学省）もその一人で、全国研究発表会に向けて全力で支援してくれました。

資料4　学習の様子

こうした周囲からの手厚いサポートのおかげで、ベテランや若手、個々の力量や経験の差にかかわらず、本校の先生方の授業力が着実に向上していったのです。

6　全国研究発表会の授業はどうだったのか

全国研究発表会で各学年が公開した授業の概要は次のとおりです。

[三年生]　単元「地域に見られる販売の仕事」

教科書では、スーパーマーケットなどを教材として扱っていますが、日本橋の販売の特徴は何と言っても百貨店です。子供たちも日常的に買い物に行く「日本橋三越本店」を教材にし、江戸時代から三五〇年も続く秘密を「問い」にしています。子供たちは三越の見学にも行っています。

[四年生]　単元「東京都の文化財や年中行事」

副読本では、東京都の西部に位置する府中市の

「くらやみ祭り」を教材として扱っていますが、日本橋に暮らす子供たちにとっては、切実感をもって自分のことととして考えることが難しい年中行事です。そこで、江戸時代から続く日本橋最大の祭り「べったら市」を教材にしています（前頁の資料4）。子供たちが神輿を担いでいる身近な祭りであり、学習を進めていくに当たっては、保存会の全面的な協力を得ています。

［五年生］単元「我が国の工業生産」

教科書では、例外なく自動車工業を扱っていますが、子供たちにとっては縁遠い工業製品です。そこで、日本橋に本社を置く文具メーカー「ぺんてる」に協力をお願いし、身近な工業製品である「文具」を教材にしています。日本の優れた技術が遺憾なく注ぎ込まれ、世界で認められ、NASAでも採用されている日本の文具の生産について「問い」をもち、追究する実践です。

［六年生］単元「江戸の町人の文化」

日本橋は江戸の町人文化のど真ん中に位置しますが、江戸時代に数多くあった浮世絵の版元は、現在では日本橋に一軒あるのみです。そこで、江戸時代から続く老舗「伊場仙」に協力をお願いして「浮世絵」を教材にしています。子供たちは、本物の浮世絵に触れながら「問い」を追究しています。

7　子供たちは自分たちの学習をどのように捉えていたのか

繰り返しになりますが、本校では可能な限りシンプルな研究理論と実践が必要だったことから、授業改善の柱を次に述べる二つに絞り込んでいます。

(1) 子供たちの生活に関わる地域の身近な社会的事象を教材化すること

子供が見たことも聞いたこともない地域の社会的事象を取り上げたとしても、授業としては成立させることはできます。実際に、そうした授業はたくさんありますし、単元によってはそうせざるを得ないことも少なくありません。しかし、それでは私たちが望んでいた「主体的な学びの姿」にはならないと考えていました。

たとえば、火事はおそろしいものだと知っていても、見知らぬ町で起きた火災の発生件数を目にしたところで「へぇ～」としか思わないものです。それが子供たちの生活している中央区の発生件数だったらどうでしょう。

予想よりも多ければ「なんでそんなに火事が起きてしまっているの？」、予想よりも少なければ「なんでそんなに少ないの？」と「疑問」をもち、教員が子供の興味・関心を適切に引き出せれば、それらの疑問は「どのような原因（秘密）があるのだろう」という「問い」になります。

これは、社会科の授業でごく一般的に行われている教材提示の手法の一つですが、**自分たちの生活に直結する事柄であるからこそ知的好奇心がかきたてられる**のです。

「日本橋」は誰もがその名を知る地域で、老舗企業や商店があります。しかし子供たちは、そこにどのような魅力や秘密があるのか知りません。江戸時代から続く老舗の脇を通り過ぎても、いつも目にする風景の一部だとしか感じていません。そこに意味や価値を見いだせていなければ、

資料5　子供の回答①

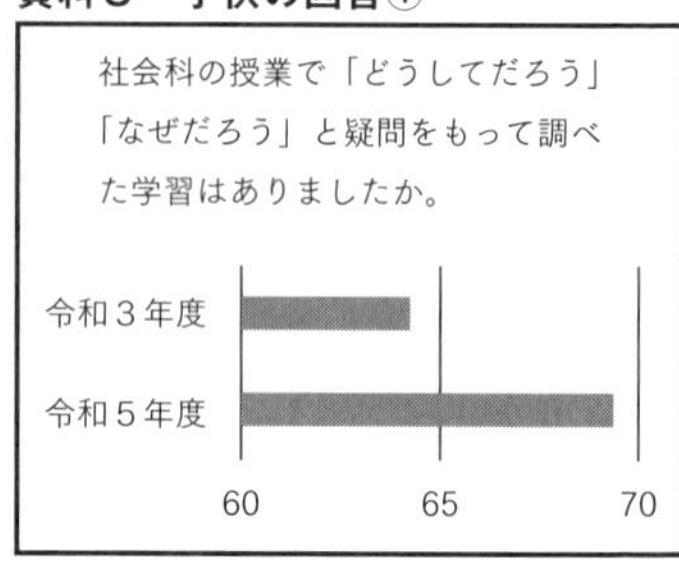

資料6　子供の回答②

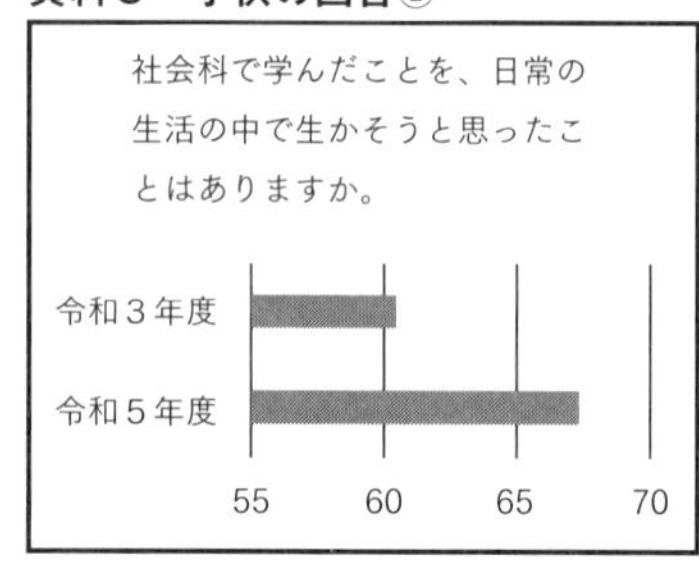

その子にとっては何も存在していないのと同じなのです。ここに、子供たちが生きて働く資質・能力を身に付ける学びの可能性があります。

研究発表会で発信した実践は、「日本橋」だからこそできた実践です。しかしそれは、「日本橋」が特別な地域だからではありません。どこの地域にも、子供たちの目に見えていないその地域ならではの価値が埋もれています。それを発掘するのが地域教材の開発です。

そして、全国大会にも耐えうる教材をつくれたのは、本校の先生方がこだわりをもって、粘り強く取り組み続けたからにほかなりません。

「この教材を単元のどこで、どのように子供に提示しようか」

「地域のAさんのところに取材に行ってきます」

「今日、B社の方々と放課後に打ち合わせをします」

このように本校の先生方は、日々、地域教材を求めてたくさんの時間を使い、教材開発を進めていきました。

(2)　地域教材と子供たちとの出合いを工夫すること

もう一つ重要なポイントは、「子供たちがどのように教材と出合う

資料7　子供の回答③

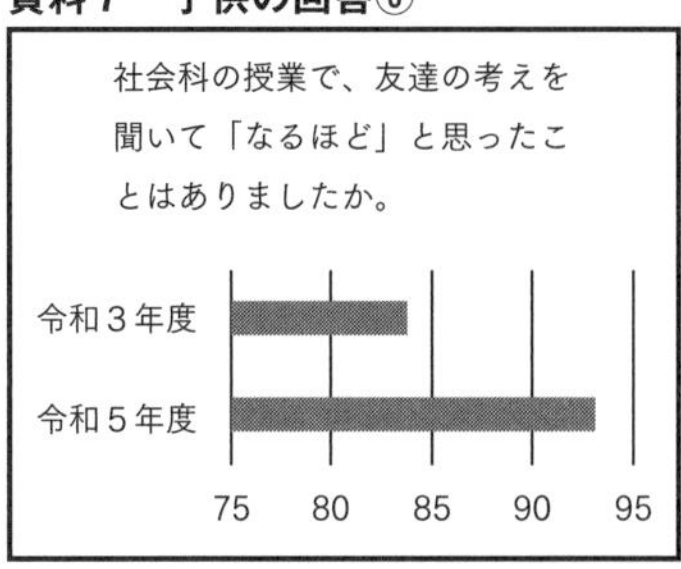

資料8　子供の回答④

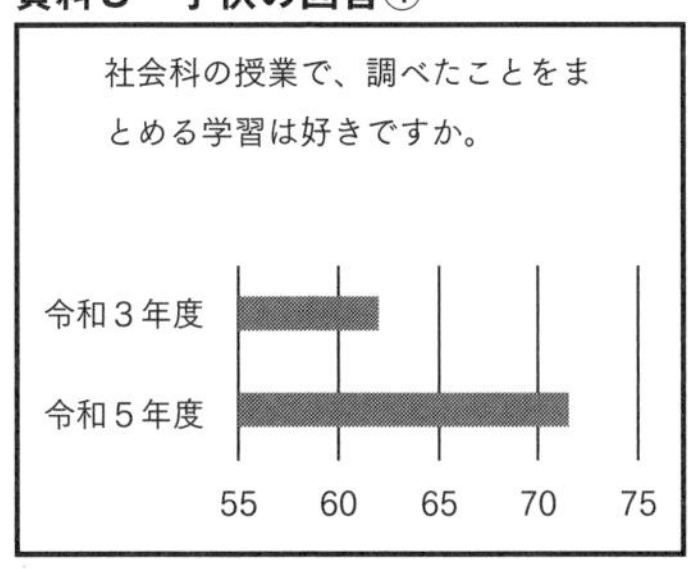

か」です。どれだけ子供たちが本気で学べる魅力的な教材となっていたとしても、その教材に含まれる社会的事象に触れて知的好奇心がかき立てられなければ、たとえ授業を成立させられたとしても、子供の学習は成立しません。

しかし、教科書に載っていない社会的事象を一から教材化することは困難を極めます。先生方は地域を取材し、交渉し、さまざまな情報を集め、学習指導要領に定める内容から逸脱していないか、目標の実現に資する教材となり得るか丁寧に分析していました。そのうえで単元全体の学習展開を考え、子供一人一人が「問い」をもてる教材とどのように出合わせるか、長い時間をかけて何度も話し合いを重ねていました。

その結果、子供たちに受け止めが変わってきたと思われる場面が増えてきました。**資料5~8**のグラフは、子供たちに対して行ったアンケート調査結果から抜粋したものです。

全国研究発表会の当日、本校の先生方はみな全力を尽くせたと思います。中でも、これまで社会科の指導案を書いたことがなかった先生方が、子供たちの追究心に火を点けていた姿は目を見張るもの

資料9　当日の全国大会の様子

がありました。

ここでは、全国から参加した先生方から寄せられた感想の一部を紹介します。

授業をもっと見たかったです。クラスによって進度を変えていてくださっていたので、「この先どうなるのか」といった参観者へのご配慮も重なり、もっともっと多くの学級の授業を見たかったです。

子供たちにとっても、先生方にとりましても、力の付いた、また、確認できた取組であったと見えました。

変化が止まらない日本橋の中で、変わらないモノ、変わるモノ、それに対する人々の思いや願い。そしてそれに対する子供たちの期待や考え、意識等が、随所に表れていました。

引き続き、勉強させてください！

元教育委員会課長

どの授業も素晴らしかったと思います。子供たちは地域の魅力を見る目、地域の魅力を見付ける目、地域の魅力の拡がりを見る目が育っているのだろうなと、ヒシヒシ感じました。大会のテーマなどよりも素晴らしいものでした。ちょっと刺激を受けました。

元公立小学校長

これまでいろいろな研究発表会を拝見してきましたが、お世辞抜きに一番よかったです！研究の成果を子供の姿で示すってよく言いますが、言うほど簡単ではないですよね。でも、今日の日本橋小学校の園児・子供の姿は、まさに日頃の学びの蓄積があってこその姿なのだと、授業の様子や研究発表の内容から強く感じました。

授業を拝見しましたが、これぞ「主体的に学ぶ姿」だ！と、理科を研究してきた者として強く感じました。「教室全体で（教師も子供も一緒に）考えているな！」と感じました。

教室での教師と子供の温かい関係性や子供が伸び伸びと学ぶ姿は、日頃から教師が子供たちを「主体的に学ぶ存在」として尊重し大切にしてきたからにほかならず、また今回の研究で先生方が文字どおり、子供たちが問題を「見いだす」ことを本気で考えていらっしゃったからだと感じました。
理科でも形式的に「学習問題」を提示する「問題解決風」な授業はよく見られるので、地域教材の開発や教材との出合いの工夫に心を砕いた点はものすごく共感できました。二段階の場面で教材と出合わせる工夫は理科でもすごく参考になると思います。

元教育委員会統括指導主事

「働き方改革」を通じて進めてきたさまざまな改革の集大成ともいうべき発表だったと思います。まだまだ「正常化宣言」とまではいきませんが、本校が再生しつつあることを実感できる一日となったことは間違いありません。

第5章

[アクション④]
教員のマインドを変える

どのようなことに取り組むにせよ、先生方が能動的に行動を起こさなければ、学校の再生を成し遂げることはできません。取組に「魂」を入れられるかが、学校改革の成否を決めます。

では、どのようなときに能動的になるのでしょうか？

教員も自分の生活がかかっていますから、業績評価や昇給も気になるところでしょう。身の周りの先生方が自分に対してどれだけ協力的か、同僚性が高いかもモチベーションに関わるはずです。ただそうした事柄よりも、はるかに教員の行動を動機付けることがあります。それは、「子供たちのためになると自ら納得できたとき」です。これは、先生方が主体的に「学校改革」に関わろうとするマインドとも直接的に結び付きます。

条件となるのは、次に挙げる二点です。

- 校長が考えている学校の課題を、すべての先生方が「確かにそれは解決すべき課題である」と認識している。
- 課題解決に向けた取組の趣旨、目的、背景、意味・意義に対して納得感をもっている。

これらの条件を満たすことができれば、先生方の能動スイッチが入ります。

そこで本章では、教員のマインドを変える学校改革の考え方と取組について述べていきたいと思います。

教員からのボトムアップで学校を評価できるようにする

年度末になると、どの学校でも「学校評価」や「年度末評価」に取り組んでいると思います。学校行事ごとの反省に加え、さまざまな視点から学校の課題を総合的に指摘し、解決に向けた話し合いをしているのが一般的なはずです。この点に、私は着目しています。というのは、右に挙げた方法では、いくら評価を積み上げても学校はよりよくならないと考えているからです。

なぜならそれは、減点方式の評価になりがちだからです。つまり、実現すべき目標を一〇〇としたとき、「一〇〇になって当たり前。しかし、実際は八〇だった。では、次の年度にどうやって足りなかった二〇を積み上げて一〇〇にするか」という発想になるということです。

この方式の最大の問題点は、反省点ばかりが列挙され、一五〇や二〇〇を目指し、学校をさらによりよくしようとするプラスの提案や、発想を転換して大きく改革しようとするドラスティックな提案が出てきにくい点にあります。

加えて、学校が抱える課題はレベルがさまざまですから、職員室で情報共有すれば済むような軽微な課題から、日本の教育制度を根幹から変えないといけないような課題までが総花的に話し合われがちな点も挙げられます。

昔、先輩の教員から「学校評価は、先生方の日頃の不満をぶつける『ガス抜きの時間』だ」と言われたことを思い出します。なるほど、そのとおりかもしれません。建設的な議論はなく、正解のない課題点ばかりを指摘し合うだけですから。このように、先生方の貴重な勤務時間を使い、解決の見込みのない課題ばかりが挙げられ、場の雰囲気が悪くなるか、眠くなるかの学校評価であるならば、やらないほうがましです。

そこで、これまでにない発想で学校を大きく変えていけるような加点方式の「学校評価」に変えるべく、本校では四つのプロジェクトチーム（通称「プロジェクト4」）を立ち上げ、各教員が日頃から〝学校がこうだったらいいのになぁ〟と考えている「理想の学校の姿」を出し合い、プロジェクトチームごとにプレゼンしてもらう場にしたのです。

校長に着任してからは、各プロジェクトから次に挙げる提案がなされています。

1 教育課程改善チーム

このチームのミッションは、「子供の集中が持続するための教育課程の工夫」です。所属する先生方は、次に挙げるテーマについて語り合い、年度末にプレゼンしています。

- 一単位時間の弾力的な運用は可能か。
- 支援を必要とする子供の居場所となる「校内寺子屋」を設置できるか。
- どのような教室配置であれば、子供同士のトラブルが起きにくくなるか。

●学級担任の入替え制は可能か。
●宿題をゼロにできないか　など。

右に挙げた中で実現に漕ぎ着けた取組は、これまでの章で紹介した①一単位時間を一五分にする「モジュール授業」、②異学年を同じフロアに配置する教室配置、③同学年の先生方で行う「交換授業」、④一律に課す宿題の廃止などが挙げられます。

2　授業改善チーム

このチームのミッションは、「子供の力を伸ばす授業づくりと、教員の授業力向上」です。所属する先生方は、次に挙げるテーマについて語り合い、年度末にプレゼンしています。

●問題解決的な学習「日本橋スタイル」はどうあるべきか。
●先生方が日常的に教員相互で学び合い、高め合う仕組みはどうあるべきか。
●ワークテストのみに頼らない評価はどうあるべきか　など。

右に挙げた中で実現に漕ぎ着けた取組は、①「見通しと振り返りのある授業」を追究する校内研究、②先生方が一日に一単位時間の授業準備に注力する「一日実践」、③空き時間に先生方が相互に授業を参観する「ＯＪＴウィーク」、④ワークテストの見直しなどが挙げられます。

3　特色ある教育推進チーム

このチームのミッションは、「日本橋小学校らしい教育活動を推進するための具体的な取組」です。

所属する先生方は、次に挙げるテーマについて語り合い、年度末にプレゼンしています。

- ●伝統・文化を学ぶ「だいすき日本橋」をいかに推進するか。
- ●豊かな心を育む教育活動をいかに推進するか。
- ●運動の機会をいかに創出するか。
- ●タブレット端末を活用した学習をいかに推進するか　など。

右に挙げた中で実現に漕ぎ着けた取組は、①生活科、社会科における地域人材や地域教材の開発、②「日本橋の日」の設定、③「オンライン英会話教室」の導入、④「オンライン読書」の導入、⑤休み時間の延長などが挙げられます。

4　働き方改革チーム

このチームのミッションは、「教員本来の業務に注力でき、活力ある職場風土の醸成」です。所属する先生方は、次に挙げるテーマについて語り合い、年度末にプレゼンしています。

- 会議は本当に精選されているか。
- 「教育計画」をもっと効率的に作成できないか。
- 学芸会や謝恩会などの学校行事をもっと精選できないか。
- ICTを活用して、業務の効率化を図れないか　など。

右に挙げた中で実現に漕ぎ着けた取組は、①職員会議の全面的な廃止、②学芸会から音楽会へ移行、③謝恩会の中止、④「教育計画」のデータ化、⑤週ごとの指導計画の電子化などが挙げられます。

＊

本校の先生方はいつしか「学校評価」のことを「プロジェクト4」と呼ぶようになり、毎年度末に自分たちの提案をプレゼンし、先生方とディスカッションし合う場として定着しました。

その結果、本章の冒頭に挙げた二つの条件を満たすことになったのです。つまり、この場を通して解決すべき課題への共通理解が図られ、課題解決に向けた取組への意義や価値の共有がなされたということです。その結果、反対意見や賛成意見、校長としての思惑なども交錯しながら、新たな、しかも大胆な改革に着手することが可能になったのだろうと思います。
次に紹介するのは、梅澤教諭の寄稿です。

〈寄稿〉

児玉校長の学校経営は、大切にしているものがはっきりしていて、当たり前にとらわれません。皆にとてもフランクで、子供だけでなく教師も大切にしていることが学校経営からはよく伝わります。校長は、授業をとても大切に考えているので、授業が落ち着かないと感じるとさまざまな方法を試してみます。

例えば、落ち着かない学級がある時は、交換授業や学級を解体した授業だけでなく、一組と二組の学級担任を交代してみるということもありました。学級を乱してしまう子につられて皆のけじめがない時には、「じゃあ、他のクラスで落ち着いた授業の受け方を学んできたらいいよ」と、隣のクラスに一時転入するアイデアが出てきます。そうしている間に、担任は他の児童に落ち着いて学習するよさを気付かせたらよいというわけですが、考えてもみなかった方法にいつも「そんな方法もあるのか！」と驚かされます。

こうしていろいろやってみることで、私も自分のクラスだけではなく、学年全体をよく見ておかないといけないのだと意識が変わりました。

また、よい授業をするためには、教師の余裕が重要です。教師が子供との時間を大切にできるように、授業準備に時間を割けるようにと、テストなし！　宿題なし！　授業時数も会議も最低限！　と、減らせるものは徹底的に減らします。

反対意見もありましたが、「まあ、本当に必要なのかどうか、やってみて考えよう。当たり前を疑わないと働き方の根本解決はできない」と言い、まずはやってみます。そうすることで、丸付けの分の時間に子供と関われたり、安心して授業ができたりするのは大きな価値です。

しかし、私の思う一番の価値は、教員が「そんなこと、してもいいんだ！」と思えたことです。

児玉校長は着任初年度から、学校評価の代わりに「プロジェクト４」を立ち上げました。教員を四つのグループに分けて、それぞれのチームが、学校の課題と解決のための方策を出し合って発表し、実行します。

皆、校長先生のアイデアを普段から見ているので、最初は自分たちが無理をして学校をよくしようとする案が多かったですが、だんだん教師の労力も少なく、子供にもよりよい大胆なアイデアが出せるようになっていきました。若い先生が授業のコツを学ぶ機会がつくられたり、皆のオススメ教育本をもち寄って本棚をつくられたりするなど、教師同士が高め合える意見も多く、つながりも生まれたし、私もそこから学ばせていただきました。

このように、児玉校長の取組によって日本橋小学校は、先生たちが「学校のためにみんなで考えて、みんなで力を合わせていく」ことができるようになっていったのだと思います。自分のアイデアが生きて、みんなの力でより楽しく働けたので、日本橋小学校で一緒に働けて、私は幸せだったなあと思います。

「校長だより」を通してマインドを喚起する

元日本橋小学校教諭　梅澤　梓

先生方に伝えたいことは常にたくさんありますが、会議をやめて先生方によるボトムアップに切り替えたことで、私が直接自分の考えや思いを話す機会は少なくなっていきました。そこで着手したのが「校長だより」です。

学級担任だった時代から「学級だより」を発行し続けていたこともあって、今度は保護者に向けてではなく、先生方に向けて、私が先生方や子供たちをどのように見ているか、そこから何を感じているかなど、率直に発信する媒体にしたいと考えたのです。

さすがに定期発行はしんどいので、逃げ道をつくるため、発行日は記載するものの号数は記載せずにはじめてみました（**資料**）。それでも、なんだかんだと一年間に五〇号近くに及びました。先生方の中にはすべて

資料　校長だより

Enjoy 日本橋！

常用漢字を使う

ファイルしてくれている人もいてありがたいと思っています。

また、データ配信ではなく、紙での配付にこだわることにしました。あくまでも先生方に向けた通信ですので、対外的に公開しないことにしていたのです。でも、私がどのようなメッセージを先生方に送っていたのか知っていただく手掛かりとして、そのいくつかを抜粋して紹介したいと思います。

〈主体的な学びとタイマー〉（二〇二〇年七月一〇日）

「では、ワークシートに自分の考えを書きましょう。時間は五分間です」と指示すると同時に、タイマーのスイッチを押す授業場面をよく見掛けます。

ピッピッピッ！　教室に響く無機質な電子音。

私はこの音がどうも苦手です。単に好き嫌いのレベルの話です。

学習の問題と真剣に向き合い、自分の考えをワークシートに一生懸命書いている子供たちの主体的な学びと、この無機質な電子音とが、私の中で相容れないのです。ただそれだけのことです。

これまでたくさんの授業を見てきた経験からの印象ですので、科学的な根拠はありませんが、荒れた学級や課題のある授業には、不思議なことに決まってこのタイマーの電子音が鳴り響いていました。

当然のことながら、タイマーを使うことが原因で学級が荒れたり授業がうまくいかなくなったりする、ということではありません。しかし、課題のある学級や授業はなぜかタイマーを使っていることが多かったのです。

児童がグループで話し合っていたり、ノートに考えをまとめていたりする様子は、机間指導を行えば、一目瞭然、すぐに把握できるはずです。子供たちは夢中になって話し合っているな、とか、思ったよりも早く書き終えているな、とか。それによって教師は活動時間を延ばしたり短くしたりする。まさに指導と評価の一体化です。

タイマーを使わなくても、児童一人一人の学習状況が、自然と学習に必要な時間を教師に教えてくれるものです。机間指導によって児童の様子をしっかり把握できてさえいれば、「終わった人は手をあげて」や、「もっと時間がほしいですか」などと子供たちに尋ねる必要もありません。ましてやタイマーによる正確な時間計測や電子音によって児童の主体的な学びを中断させる必要はどこにも見当たりません。

繰り返しになりますが、授業でタイマーを使ってはいけない、ということではありません。例えば体育でゲーム時間を計測する、テストで終了時間を知らせるときなどはとても役に立つでしょう。

タイマーを使う授業について、皆さんも一度考えてみてください。

〈「割れ窓理論」から学級経営を考える〉（二〇二〇年七月二〇日）

「建物の窓が壊れているのを放置すると、誰も注意を払っていないという象徴になり、やがて他の窓もすべて壊される」といいます。いわゆる「割れ窓理論」で、アメリカの犯罪学者ジョージ・ケリングが考案しました。皆さんも一度は聞いたことがあると思います。

この理論を検証するために、オランダの研究チームが、落書きを使った実験を行いました。落書きが一切ない壁と、落書きがある壁を用意し、その後の状況を観察する実験です。その結果、落書きがある壁の近くでは、ゴミのポイ捨てが多くなったことが観察されたそうです。

このことから、「一つの無秩序がほかの無秩序まで招いてしまう」ことを証明しました。言い換えると、最初の小さな無秩序を厳しく取り締まることで、そこから誘発されるであろう大きな無秩序を未然に防ぐことができる、と言えるのです。

この理論は、犯罪学だけでなく、ビジネスの世界にも応用されています。例えば、あの有名な夢の国「ディズニーランド」でも応用されています。

では、学校教育ではどうでしょうか。

教育環境における「割れ窓」の例として、下駄箱がごちゃごちゃ、床にごみやプリントが落ちている、児童の机がきれいに並んでいない、などが考えられます。また、授業中では、手いたずらをしている、机にうつぶせている、離席して立ち歩いている…などが考えられます。

学級の荒れは、ほんの小さな無秩序の放置（指導が徹底できていない状態）からはじまります。

もしかすると、「あの子は指導しても、どうせ言うことを聞かないから」とか、「一人に構っていると、学習が進まないから」と、わずかな「割れ窓」を安易に見逃してないでしょうか。
学校が再開して一か月が経ちました。ここが今後の学級経営の〝分水嶺〟になります。

〈研究授業の〝べからず〟〉（二〇二三年二月二〇日）

小学校で今年度に予定されていた計一二回の研究授業と実践授業が終わりました。お疲れ様でした。ここで、今後、研究授業等を行う場合の〝べからず〟を集めてみました。

［授業者］

●研究授業の前に、他の学級で事前授業を行わない

研究授業が事前授業だと思ってください。

教師も人ですから、多くの人たちの前で、できるだけいい授業を〝発表〟したいという気持ちがあります。しかし、検討に検討を重ね、練り上げたとしても、完璧な授業などあり得ません。必ず課題はあります。その課題を明らかにして、改善の方向性を確認する作業が協議会なのです。

大切なことは、修正・改善した事後授業を他の学級でしっかりと行うことです。事前授業よりも事後授業のほうがはるかに授業改善につながるはずです。

●研究授業ではチャイムが鳴ったら延長しない

児童の集中が途切れます。参観者の集中も途切れます。

私の経験ですが、不思議なことに、延長してしまう研究授業は、ほぼ例外なく学ぶべき成果よりも、改善すべき課題のほうが多いという印象があります。授業を延長せざるを得ない理由は児童によるものではなく、ほぼ授業者である教員にあるからだと思います。

チャイムが鳴ったら、潔く授業を終えるようにしましょう。

●「振り返り」のない授業をしない

私たちは「問い」の研究をしていますが、実は「問い」と「振り返り」は一体のものです。切っても切れない関係があります。学習の「問い」だけがあり、その「問い」に対する考えがない授業はあり得ません。

授業のまとめとして、必ず「振り返り」の時間を確保しましょう。できればその「振り返り」を学級全体に広げるため、数名の児童に発表させると、よりよいです。

[参観者]

●研究授業の開始時刻に遅れない

スーツに着替えることで遅刻をするくらいなら、ジャージのままで授業の最初から参観してください。

●メモを取らないで参観しない

授業中にメモを取ることは当然ですが、可能であれば、授業を参観する前に学習指導案にメモを入れておくくらいの予習は必要です。

●授業を廊下から参観しない

廊下から参観するくらいなら、参観しないほうがいいかもしれません。たとえ参観者で混み合っていたとしても、必ず教室の中に入りましょう。

●不要なビデオ撮影はしない

研究授業を撮影した動画を改めて研究推進委員で見返したり、発問や発言を文字にして授業記録を作成・分析したりしている姿は見かけません。思い出づくりであれば必要ないですね。

〈「ゆでガエル理論」の真偽〉(二〇二二年一二月二〇日)

「ゆでガエル理論」をご存知ですか?

ドイツ ケーニヒスベルク大学の医師であり生理学者であったフリードリッヒ(Friedrich Leopold Goltz)は、一八六九年に「二匹のカエルを用意し、一方は熱湯に入れ、もう一方は緩やかに昇温する冷水に入れる。すると、前者のカエルは直ちに飛び跳ね脱出・生存するのに対し、後者のカエルは、その温度変化に慣れていき、生命の危機と気付かないうちにゆであがって死んでしまう」と報告しました。

いかにも科学的な実験で確認された現象であるかのように語られていますが、実際には、カエルは熱湯に入れれば飛び出す前に死に至り、水に入れて熱すると、熱くなる前に飛び出して逃げてしまうそうです。

それでは、なぜ、このような作り話が、一五〇年以上もの長い間、説得力をもって世の中に受け入れられてきたのでしょうか。

それは、誰にでも思い当たる節があるからなのかもしれません。つまり、急激な変化には危機意識が働くのに対し、変化が緩慢だとそれに慣れすぎて、対応するタイミングを逸しやすい。危機を認識したときには致命的なダメージを負っているという「ゆでガエル」の比喩が、人間の思考や行動の本質を鋭く突いているからなのでしょう。

例えば、学級経営にも、この「ゆでガエル理論」を当てはめることができます。ある日、気付くと既に学級の状況がとても落ち着きかなくなっていた…ということです。

科学的に根拠ない理論ではありますが、教訓としては覚えておいてもいいのかもしれませんね。


〈『坂の上の雲』　東郷平八郎の言葉〉（二〇二三年九月十三日）

明治時代の軍人、秋山真之は、明治二八年一月末、自分の判断ミスにより、戦いで大切な部下を失います。

傷心の真之は、東郷平八郎に問います。「良き指揮官とは何でしょうか…」

すると東郷平八郎は「指揮官は決断し、命令を下すのが仕事じゃ。じゃどん決断に至るまであらゆることを考えぬかにゃならん。そいが指揮官たる者の責務でごわす。おいも人間じゃ。そいはおはんと同じじゃ。悩みや苦しみと無縁ではなか。じゃっどん、将たるもの一旦、決断したら、自分の下した決断を神の如く信じらんにゃ兵は動かせん。決断は一瞬じゃが、正しい決断を求めるなら、その準備には何年、何十年と掛かろう。よか指揮官とは何か。犠牲になった兵のためにもよう考えてほしか」と話したそうです（司馬遼太郎の歴史小説『坂の上の雲』文藝春秋）。

ＮＨＫのドラマでは、渡哲也が東郷平八郎を演じていました。この台詞を聞いたとき、とても感動したことを今でも覚えています。

管理職はよく「判断職」と言われます。常に判断をし、その結果に責任をもつからです。判断は一瞬ですが、適切な判断ができるようになるまで、何年、何十年という教職経験が必要です。だから、管理職は誰でもなれるわけではなく、経験を積んだ教員しか務まらないのです。

ベテランの教員が「ずっと担任でいたい」「子供たちと関わっていたい」と、管理職を目指さないことがあります。ただ、担任は若い教員でもできますが、管理職は経験のある教員にしかできません。ベテランの教員は、その豊かな経験や見識を学校教育に還元する役割と責任があるのだと思います。期待しています！

余談ですが、日露戦争で、当時世界最強と言われたバルチック艦隊を撃破したことで有名な東郷平八郎は、社会科で取り上げなければならない歴史上の人物の一人ですが（学習指導要領に明記されています）、残念ながらこれまで東郷平八郎を扱った実践を一度も見たことがありません。

風の噂では、以前、東郷平八郎を取り上げた授業を公開したら、保護者から「軍国主義者の教員」と叩かれたことがあったと聞いたことがあります。今の日本では、戦国時代の武将は英雄として扱われますが、明治以降の軍人はそれとは真逆の評価なのかもしれません。やはり公立学校では取り上げることに躊躇（ちゅうちょ）してしまうのでしょう。

このことについて、管理職としての判断はいかに！

抜擢人事でマインドの変化をもたらす

「器が人をつくる」と言います。この考え方は、人材育成の王道であり、ＯＪＴそのものです。

ＯＪＴは、On the Job Trainingの略ですから、働きながら学ぶ人材育成を指します。民間企業においては、仕事を任せるとか、先輩と一緒に営業先を回るといったイメージですが、学校では、「勤務時間内に実施する研修会だ」と誤解されがちです。例えば、放課後に、主任教諭が講師となって行うミニ研修をＯＪＴと呼ぶことがありますが、本来の趣旨とは異なります。

本校では、「一〇〇点主義」ではなく「満点主義」に立脚し、教員一人一人のもつよさや力を最大限に引き出すことを目指していましたが、**適材適所の考え方に「期待」を加えた大胆な人事**

配置を行うことで、人材育成に努める一方で教員全体のマインドを変えることをねらっていました。

若手や図工専科の教員を研究主任に抜擢したのもその一環です。先生方から「まさか」と思わせる人事で「学校改革」の確度を上げてきました。

ここでは、これに類する抜擢人事を紹介します。

1　経験のない教諭を教務主任に抜擢する

一般的には、主幹教諭が教務主任を務めます。主幹教諭が配置されていない学校であれば、研究主任などを経験した主任教諭の中から分掌されるでしょう。教務主任は学校経営の中核となる役割を担いますから、当然と言えば当然の措置です。しかし、本校では、「適材適所＋期待」の考え方で分掌しています。

私が教務主任に指名した教諭は、教員になる以前、民間企業で長く働いていたという経歴の持ち主です。そのため、同年代の教員よりも昇進が遅く、主幹教諭でも主任教諭でもありません。しかし彼の事務処理能力は高く、調整力にも優れていました。職員室で彼を悪く言う人は一人もいないくらい人望のある教員でもあります。

ちょうどその頃、前任の教務主任が副校長に昇任したことでポストが空いていたことから、白羽の矢を立てたのです。前任とはタイプがまったく異なる教員であり、これまでとは違った角度から学校経営の推進役になってくれるものと期待したのです。

　打診すると快諾してくれました。本人もこのサプライズを前向きに受け止め、やりがいを感じてくれていたようでした。

　教務主任は、改革推進の要（かなめ）です。彼は私の考えや方向性を理解し、授業時数や学校行事の日程を調整するなど、的確に実行してくれました。また、その教務主任のがんばっている姿は教職員の一体感を生み、先生方の不安な気持ちを和らげてくれたように思います。私が矢継ぎ早に改革を進めるものだから、きっと先生方の私への不満などにも対応してくれていたでしょうから。

　教員としての経験が少ない彼だったからこそ前例にとらわれず、しなやかに対応してくれたのではないかと考えています。

2　若手を六年生の担任に抜擢する

　私の「学校改革」のよき理解者だった当時の副校長でさえ、「校長先生、さすがにそれはちょっと…」と疑問を呈したのは、六年生の担任を決めたときのことでした。

　六年生は一般的に、経験豊かで指導力のある教員が担任を務めます。学習内容の難易度が上がる分、授業準備にも時間がかかりますし、思春期の入り口に差しかかった子供たちへの生活指導も難しくなります。加えて、六年生は在校生のリーダーとして委員会活動やクラブ活動を牽引していかなければならないことから、そのための指導も行わなければなりませんし、宿泊行事や卒業に向けた関連行事などへの対応もあります。そして何より、本校の場合には特に、高学年が荒れていたということもあります。

こうした事情もあってか、面談の席で次年度に担任を希望する学年を尋ねると、「高学年はちょっと…」とか、「六年生以外でしたら…」と敬遠する先生方は少なくありませんでした。担任歴を確認すると、本校の七割以上の先生方は、直近五年間で高学年を担任したことがありませんでした。中には、教員になってから一度も高学年を担任したことがない教員もいたくらいです。

熟慮の末、私は教職三年目と四年目の若手二人を六年生の担任に指名しました。その結果、ベテラン不在の学年となります。先生方にとっては青天の霹靂（へきれき）とも言うべき出来事で、冒頭で紹介した副校長の戸惑いの声があがったのはこのときです。

しかし、そうした心配は杞憂でした。若い二人は力を出し切り、六年生をまとめ上げるどころか、子供たちの主体性を引き出し、子供中心の学習活動を積極的に取り入れていきました。授業はまだ荒削りなところもありましたが、それを凌駕するくらい、若い二人の情熱が躍動したのです。

六年生の子供たちもそれに応えるように、「スポーツ・フェスティバル」では中心になって練習を進め、素晴らしいパフォーマンスを見せてくれました。その様子は、他の学年にも波及し、とてもよい影響を及ぼしてくれたのです。最高学年が変わると、これほど学校が変わるものなのかと期待以上の変化でした。

その後、周囲の先生方にも変化が訪れます。若い二人の教員と子供たちの奮闘する姿を間近で見ていて感じるところがあったのでしょう。若い力が先生方のマインドに変化をもたらしたのです。

勤務の弾力的な運用でマインドの変化をもたらす

1　連休の創設を打診する

「働き方改革」の一環として、「週休日と祝日の間に平日があった場合、その日を授業のない休業日にして連休にする」ことを認めてもらえるよう教育委員会に働きかけていたことがあります。先生方が連休でリフレッシュし、心身共に元気になれば教育活動の充実につながるはずだと考えたからですが、実は「校長として本気で『働き方改革』を進めていくぞ」というメッセージを、先生方に伝えたかったというのが本音です。

教育委員会に対しては、何度も粘り強く説明し、その過程をすべて先生方にオープンにしました。残念ながら連休そのものは実現には至りませんでしたが、本気で取り組もうとしている私の意志を先生方が汲み取ってくれたように思うので、結果オーライです。

2　土曜日の勤務を弾力化する

本校に着任した当時、年間一〇回以上にものぼる土曜授業が設定されていました。この土曜授業には運動会などの学校行事は含まれませんので、およそ月に一〜二回、週休日（半日分）を勤務日にしていることになります。これは、教育委員会の指導のもとに設定することが義務付けられている「余剰時数」を確保することが目的だとのことです。

その後、校長会からの度重なる要望により、土曜授業の回数は減っていくのですが、それでも、学校行事も含め年間八回はあり、何とかできないものかと考えていました。

土曜授業には、いくつか課題があります。それは、土曜日の登校は、子供たちの欠席率が高かったことです。本校では、およそ一割から二割の子供が欠席していましたから、授業時数は確保されても、学習を先に進めることはできません。つまり、間延びした埋め合わせの授業になりがちだったのです。

加えて、教員の勤務時間の問題もあります。どれほど時間割を工夫しても、半日の勤務時間内に収めることができません。時間外勤務を前提とした勤務実態となっていました。つまり、そもそも土曜日に四時間の授業を設定すること事態に無理があったのです。そこで取り組んだのが、土曜日授業の回数を減らせないまでも、時数を四時間から三時間に短縮することでした。

それともう一つ、気になることがありました。それは、土曜授業を終えた後、先生方の多くが退勤せずにまとまった仕事を一気に片付けていたのです。これは明らかに残業です。

こうした様子を見ていて、〝この土曜日の午後の残業を勤務と見なすことはできないか。午前中の半日ではなく、全日勤務に割り振れるようになれば、週休日を全日振替し、先生方を丸一日休ませることができるはずだ〟と考えたのです。そこで行ったのが、「半日勤務と全日勤務のどちらかを先生方が選べるようにする」選択制です。

勤務そのものは校長による職務命令をもって行うものですから、「先生方が選べる」というのは適切な表現ではないかもしれませんが、苦肉の策でもありました。というのは、先生方が週休日を振り替えずに有給休暇を自由に取得すれば済む話だからです。ですから、この措置も、抜本的な働き方改革にはならないことは百も承知です。

やはり、この取組のねらいにも、先生方の働き方について真剣に考え、改善したいという校長としての本気の姿勢を先生方に伝えたいという思いがありました。どれだけ伝えられたかは想像するしかありませんが、一石を投じることにはなったのではないかと考えています。

第6章

[アクション⑤]

保護者・地域の期待感を高める

保護者が学校を信頼するということ

教育活動を行う基盤となるのは、教員と子供との信頼関係です。自分にとって信頼できる相手であればこそ、教員の言葉が心に響くからです。逆に、信頼していないければ、どれだけ言葉を尽くしても真摯に耳を貸そうとはしません。子供と教員との間において「教育」という営みが成立するのも、この信頼関係があることが大前提です。

保護者もまた同じです。信頼関係がなければ必要な協力を得られません。そればかりか、保護者の言動に影響を受けて、子供のほうも教員から距離を取るようになります。学校教育の主役は子供にほかなりませんが、**保護者の信頼を得られてこそ、よりよい教育活動を行えるようになる**のです。

このように保護者との信頼関係の大事さは大昔から言われていることですが、そうすることがより難しい時代になったと考える方は少なくないようです。事実、難しいことに違いはないのですが、私はシンプルに考えたほうがよいと考えています。

保護者からの信頼を得るというと、学級・学校だよりやウェブサイトを活用してたくさん情報発信する、学校行事や面談を充実するといったことを思い浮かべる方もいると思いますが、それらはいずれも二義的です。最も効果的なことは、学校から帰ってきた我が子が「今日も学校、楽しかったんだ！」と言いながら、学校での様子を笑顔で話してくれることです。

保護者は学校での我が子の様子を見ることはできませんから、我が子からもたらされる情報が頼りです。たとえ担任や学校に対して何かしら不満をもっていたとしても、我が子の楽しそうな様子を見ていれば〝ここはとりあえず信じて、もう少し様子を見てみるか〟となるものです。

他方、この「我が子からもたらされる情報が頼り」ということが、悪い目に出てしまうこともあります。子供にとって都合の悪いことは、保護者に伝わらないか、伝わったとしても子供の都合のよい内容に置き換わってしまうことも少なくないからです。

これは致し方ないことでもあります。保護者のほうも〝子供の言うことだから、額面どおりに受け止めるべきではないな〟ということは頭ではわかっているはずです。しかし、ときとして心のほうがネガティブに揺さぶられ、感情を抑えることができなくなることもあるのです。

また、たいへん残念なことですが、子供の言葉を鵜呑みにしてしまう保護者もいます。そうした保護者は、学校側の話に耳を傾けようとはせず、一方的に責め立てます。ほかにも、担任や校長に確認すれば「誤解にすぎなかったんだ」とすぐに分かることも、一足飛びに教育委員会に対して苦情を申し立て、不必要に事を荒立ててしまう保護者もいます。

こうしたとき、私はいつも次のように話をしています。

「『子供を信じる』ことは、たいへん素晴らしいことです。しかしそれは、子供の言葉をそのまま額面どおりに『信じる』ことではありません。**『子供を信じる』とは、我が子が成長し、いつ**

の日か良識をもって行動できるようになるという成長を信じることなのです。これは私たち学校も同じです。お互いにその考えを共有できれば、同じ目線で子供の成長を助けていくことができるようになります。そのためにお力をお貸しください」と。

ただこうした対話ができるようになったのは、本校の学校改革が軌道に乗ってからのことです。着任当初の頃は、背水の陣です。「できることは何でもする」という姿勢で、可能な限り多くの情報発信に努めていました。

保護者との距離を一ミリでも縮め、信頼関係を一ミリでも太くしたい。本章では、そのために行ってきた取組を紹介します。

後退感なく「学校改革」への理解を深めてもらう

教員の「働き方改革」が推進されるほどに、学校に対する保護者の視線が冷ややかになることがあります。

行事を精選・再編したり、授業時数を減らしたりするわけですから、どのような目的で行うか趣旨説明が十分でなかったり、誠意ある対応がなされたりしていなければ、保護者は、〝先生方が楽をしたいだけだ〟といった不平や、〝教育の質が落ちるのではないか〟といった懸念を抱きます。そうならないようにするための情報発信です。

「本校における『働き方改革』は、日本橋小学校の『教育の質を高める』ために推進していかなければならないことだ」という受け止めをしてもらうための発信です。

限られたリソース（経営資源）を「選択と集中」し、質の高い教育活動を展開していく。そのためには、業務の効率化を図り、生み出された時間的・精神的なゆとりをフル活用して、教材研究に集中できるようにする。残業を減らし、リフレッシュした元気な笑顔で、子供たちの前に立つ。これまで述べてきたとおりですが、こうしたことへの保護者の理解を得ることが欠かせないのです。

ここでは、第3章で紹介した通知表を年間三回から二回に変更した取組を例にしましょう。内向きのロジックとしては、通知表を作成する作業から先生方を解放し、そのエネルギーを日々の教育活動の準備に当ててもらうことです。しかし、この説明をそのまますれば、やはり「先生が楽をしたいだけ」という印象を保護者に与えてしまうでしょう。

そこで、年度当初の保護者会において次のように伝えて理解を得ています。

「通知表は、子供たちが学習したことの結果を伝えるのには適していますが、現在の学習状況や今後の可能性を知るには不十分です。そこで、年度の真ん中である二学期については、通知表に変わって面談を行うことにし、一学期の学習状況を振り返りつつ、三学期に向けてどのように学力を伸ばしていけばよいか、詳細な資料に基づいてお伝えしたいと思います」

このように外向きの説明を行うとともに、学校だよりでも伝えたところ、保護者から反対の声が上がることはありませんでした。もっとも、この時点では半信半疑だったことでしょう。

そこで、新たな個人面談「通知表プラス」では、子供のノートやワークシートなどの作品、体力調査や学力調査などの具体的な資料を保護者に示しながら、学校での子供の様子や今後の可能性について精力的に伝えることを徹底しました。そのおかげで、逆に保護者からの信頼を高めることに成功しています。

「学校だより」では、次のように情報発信しています。


〈「通知表プラス」の試行導入〉

学期中の学びの様子を伝えてきたこれまでの通知表に加えて、さまざまな資料を基に、担任が保護者にお子さんの様子を直接説明する「通知表プラス」を新たに導入します。

通知表は紙面で学習面や生活面の様子を記録として残すことができるよさがあります。

一方で、各教科の学力を「よくできる」「できる」「もう少し」という表記のみで記載することになり、知識や技能、思考力や判断力や表現力、主体的に学習に取り組む態度など、観点別の学力について詳細に記載できない難しさもあります。また、四か月間もの長い学校生活の様子を所見として、少ない文字数でお伝えするのにも限界があります。

そこで、これまでの通知表のよさを生かしつつ、お子さんの学習や生活の様子をよりわかりやすくお伝えする個人面談を「通知表プラス」として一二月に実施することとしました。

具体的には、児童一人一人のノートや作品、ワークシートなどを基に学習のがんばり、学校生活や行事の取組の様子などをお伝えします。

このほかにも、ハイパーQUテストの診断結果を基に、学級生活における意欲や満足感などについてもお伝えします。

年二回の通知表に加え、個人面談の取組を通して、家庭との連携をより図り、お子さん一人一人の成長を支えていきたいと考えています。

ほかにも、「展覧会」を「デジタル展覧会」に切り替える際、後退感がないように伝え方を工夫しています。

第3章でも述べたとおり、従来の「展覧会」では作品こそ子供たちが作成するものの、展示作業などはすべて先生方が行っていましたが、「デジタル展覧会」では、事前にデジタルカメラで撮影した作品を、昇降口に設置した大型スクリーンに映し出す取組ですから、先生方の負担を大幅に軽減できます。

保護者に対しては、「これまで『展覧会』は三年に一回、ある限られた期間に子供たちの作品を展示する催しでしたが、『デジタル展覧会』にすることによって、展示する作品数も増やすことができ、日常的に鑑賞できるようになります」と伝えることで保護者の納得を得ています。

宿題を廃止する際には、次のように理解を得るようにしています。まず、「学校だより」を通じ、宿題に関わる現在の課題と解決に向けた基本的な考え方を伝えています。基本的には「通知表プラス」や「展覧会」と同様に、まず「学校だより」等で、説明しました。

〈主体的な家庭学習で学力の向上を〉

令和三年度に文部科学省が実施した「全国学力・学習状況調査」において家庭学習に関わる興味深い結果が出ています。

「家で、自分で計画を立てて勉強をしていますか」との設問に、「よくしている」と回答した児童の正答率は、国語で七〇・六%、算数で七五・五%でした。逆に「まったくしていない」と回答した児童の正答率は、国語で五六・七%、算数で六三・一%と、想像以上に大きな差となっています。

分析のポイントは、家庭での学習時間の長短ではなく、「家で、自分で計画を立てて勉強をしているかどうか」という点です。与えられている宿題に何時間も費やす児童よりも、主体的に家庭学習に取り組む児童の学力は伸びている、ということでしょうか。

先日、本校で実施した保護者を対象にしたアンケートでは、「児童は家庭学習において自主的に取り組む姿勢を身に付けているか」との設問で、「十分に達成している」と回答した割合は約二七%でした。残念ながらすべてのアンケート項目の中で最も低い数値です。

こうしたことから今後、日本橋小学校では、全員に一律に課す「宿題」のあり方を根本的に見直すことで、各家庭で取り組む児童の主体的な学びを支援していきたいと考えています。

加えて保護者会の全体会でも、第2章で紹介した「My Study（マイ・スタディ）」についても触れ、「宿題よりも子供の学びがより充実する」といった趣旨説明を私が丁寧に行っています。ただし、どのような説明の折にも、教員の働き方改革についてはほとんど触れていません。あくまでも外向きの説明に徹しています。

通知表の回数変更にせよ、展覧会や宿題の廃止にせよ共通する点は、「そうすることによって、これまでになかった恩恵が得られるようになるポジティブな取組なのだ」と認識してもらうことです。伝え方については十分な吟味が必要ですが、そのように思ってもらえる工夫ができれば、「これまでずっとやってきたことだから」という理由でやめるにやめられなかった数多くの業務も、やめるか縮減できるのだと私は考えています。

新しいチャレンジを打ち出すことで、〝わくわく感〟をもたらす

1　コロナ禍に「オンライン朝の会」を実施する

コロナ禍当初はまだＧＩＧＡスクールも構想段階でしたから、どの学校もオンラインによる活動に舵を切ることができずにいました。そのような中、〝これはチャンスだ〟と私は考えたのです。

〝どこよりも早く取り入れられれば、本校に対する保護者の期待値を上げられるはずだ〟と。

そのようにして実現したのが、「オンライン朝の会」です。区内ではじめての試みでした。しかし、私たち学校が望んだからといってすぐにできるわけではありません。ＰＴＡの協力があったからこそ実現できた取組です。

そもそも本校には、子供や保護者がアクセスできるネット環境がなく、自力ではオンライン化できなかったことから、保護者の協力が不可欠でした。保護者の動きはとても早く、あっという間に実施する準備が整いました。

とはいえ、中には「うちには端末がない」「ネット環境がない」「子供だけで端末を操作させたくない」といった声も上がるだろうことを想定し、通常の授業ではなく、子供たちと担任の先生が顔を合わせるＰＴＡ主催の「朝の会」にしたことが功を奏したのです。

このチャレンジによって、臨時休校中でも友達の顔が見え、新しい担任とも話ができたことで、臨時休業に対する子供や保護者の不安感を軽減できたようにように思います。また、この取組は瞬く間に話題となり、区長や区議会議員が視察に訪れたり、テレビ局や新聞社の記者が訪れたりするなど露出が増えたことで、期せずして〝今度、新しく着任した校長は、何かやってくれそうだ〟という印象をもってもらえる想定外の取組ともなりました。

２　一人一台タブレットを活用した英会話と読書でアピールする

資料1　オンライン英会話のの様子

GIGAスクール構想が一年前倒しで実現すると、インターネットで調べ学習を進めたり、カメラ機能で植物を観察したりするといった活用もさることながら、本校独自の活動に乗り出します。

(1)「オンライン英会話」を行う

本校にもALTはいましたが、授業中に一対一で会話する機会はほとんどありません。そこで考えたのが、一人一台のよさを生かす「オンライン英会話」です（資料1）。小学生が誰からのサポートも受けず、ネイティブスピーカーと一対一でコミュニケーションを行う活動です。小学校としてはかなり挑戦的な取組ですが、きっといい経験になるに違いないと確信していました。

英語が苦手だった子供は、グローブやボールをモニターに映し出しながら、「自分は野球が好きだ」ということをネイティブスピーカーに伝えようとするなど、英語だけでなく、世界の人たちとのコミュニケーションを図ろうとする姿も見られました。

そのようにしているうちに、外国語を使ってコミュニケーションを図ることの難しさだけでなく、楽しさを感じ取れるようになっていったように思います。

参加した子供たちからは、次の感想が寄せられています。

「私がうまく英語を話せなくても、フォローしてくれて助かったし、楽しかったです」

「コロナウイルスで、なかなか外国の人も見ないし、しゃべることもなかったけれど、オンライン英会話で、海外に行って外国の人と語り合っている気持ちになりました」

ほかにも、「普段の英語の授業をがんばりたい」と感想を書く子供などもいて、目的意識をもって外国語の授業に臨むようになっていました。

(2) 「オンライン読書」を行う

ある日のことです。

副校長が嬉しそうに私のもとにやってきて「サブスクリプションで本を読めるサービスを見付けました！」と言い出しました。

即断です。業者に連絡して交渉するよう指示しました。これも一つのタブレット端末のさらなる可能性へのチャレンジです。〝いつでも、どこでも、好きなだけ！〟をコンセプトに、電子書籍読み放題サービスを試行的に導入したのです。

資料２　校舎正門に設置したのぼりと垂れ幕

すると、ある子供から私宛てに手紙が届きました。

「校長先生、好きな本が好きなだけ読めるようにしてくれて、ありがとうございました」

持ち帰ったタブレットで家庭でも読書できるので、保護者に対してもアピールできたのではないかと感じています。

3　地域に対して本校の存在をアピールする

開校三〇周年の折には、学校独自で「だいすき日本橋」と記したのぼり旗を制作し、地域の商店街に協力いただいて設置しました。加えて、校舎正門の壁に垂れ幕を設置しました（資料２）。

こうしたのぼり旗や垂れ幕が、保護者や地域にどれだけアピールできたのか定量的に検証することはできませんが、学校の前を通りかかった人が「ここって小学校だったんだね」「素敵な建物だね」という声が聞こえてきたくらいでしたので、それなりに効果があったのではないかと思います。

また、校庭の壁画の装飾にも取り組みました。

図工の教員にデザインをお願いし、無味乾燥だった真っ白の壁に、日本橋小学校と日本橋幼稚園のキャラクターの絵を描いたのです。学校の外からもその壁画を眺めることができます。

何となく学校が華やいだ印象です。卒業写真なども、その壁画をバックに撮影することもあるほど、日本橋小学校を代表する名所の一つになりました。

ほかにも、開校三〇周年を記念し、日付に「三」が付く日は標準服ではなく、三〇周年記念Tシャツを着て登校するイベントを行ったり、標準服に男女兼用のスラックスを導入したりするなど、とにかく思いつく限りのアピールに努めていきました。

4　他校に対して本校の存在をアピールする

この三年もの間、本校は受けられるだけの研究指定を受けています。列挙すると次のとおりです。

- ●文部科学省「教育課程実践検証協力校」
- ●東京都教育委員会「地域人材・資源活用推進校」

●全国小学校社会科研究協議会「全国研究大会　会場校」
●公益社団法人 日本教育科学研究所「研究実践校」

こうしたチャレンジそのものは、先生方の力量形成を図り、学校を再生するための手段として行ったことでしたが、もうひとつ目論んでいたことがあります。それは、本校の実践を対外的に示すことで、「日本橋小学校は研究を重んじ、授業改善に熱心な教員が多い学校だ」という印象をもってもらうことです。

こうした印象は、本校を象徴する看板になります。

研究指定を受けることで研究予算が付くことも魅力的ではありましたが、私はこの「看板」がほしかったのです。そこで、研究指定を受けるたびに、ホームページのトップ画面や学校要覧、保護者会説明資料などに掲載し、本校の看板として大きく掲げたのですが、その効果は私の想像以上でした。他校のみならず本校に対する保護者や地域からの期待感がぐっと高まったからです。

5　平日に休みやすい雰囲気をつくりアピールする

第4章でも紹介しましたが、休日と休日の間を〝虹の架け橋〟でつなげて連休とする「日本橋レインボー」という取組を恒久的に位置付けようとしたことがあります。

この取組によって、家族旅行などで平日に学校を欠席する子供と保護者の精神的なハードルを下げることができます。保護者の判断で「レインボーチケット」を学校に提出すると平日に気軽に学校を休めるからです。実際に学校を休むかどうかに関係なく、この取組や考え方に対する保護者の受け止めは概ね好評でした。

もともと本校では、休日と休日の間の日に欠席する子供が多かったので、この取組を取り入れたからといって現状は大きく変わりません。学校を休まなければ、普段どおりに登校できるのですから。ところが、教育委員会からの指導を受け、この取組はすぐに白紙になります。理由は、平日に休めない共働きなどの家庭への配慮が足りないからというものです。

そもそも、どのような取組にせよ全員が等しく同程度のメリットを享受できるものではありません。享受できる家庭とできない家庭が出てくるものです。享受できる程度の差もありますが、具体的な不利益が生じるわけではありません。むしろ、**できることをできないことにしてしまうほうが、全体の幸福度を下げてしまう**と思うのです。

そうは言っても致し方ありません。残念に思ってはいましたが、思わぬギフトもありました。朝、正門で子供たちの登校を見守っていると、「校長先生、本当に素晴らしい取組でした。応援しています」と声をかけてくれたのです。これまで自分から話し掛けてくることのなかった保護者でした。ほかにも、「負けずにがんばってください」「私たちに何かできることはありませんか」「これからも新しいことに挑戦してください」といった声もありました。

このように、学校を応援してくれる保護者が増えたのです。

6　子供の「安全・安心」をアピールする

大雨や台風の季節が到来すると、大雨警報や洪水警報などが発表された際に子供を登校させるかどうか迷うことがあります。そのためのガイドラインを用意している自治体は多いと思いますが、着任当初、本区の学校には存在していなかったのです。

子供の安全を確保し、安心して学校生活を送ってもらうには何よりも迅速な対応が必要です。そこで本校では、地域の実態を踏まえて検討し、子供の登校に関する判断基準をきわめて短期間でガイドラインにまとめて各家庭と共有しました。これにより、自然災害などによって通信インフラが使えず、学校と連絡がつかなくなった場合にも、子供の登校や引き取りに関して各家庭が適切に判断できるようになりました。

その数か月後、教育委員会が同様の趣旨のガイドラインを作成・公表したことから、本校のガイドラインを調整する必要が生じましたが、微修正で済んだこともあって、混乱らしい混乱は起きませんでした。何よりも台風シーズン前に、いち早くガイドラインを作成して各家庭に周知したことが、保護者の信頼を得る一助になったように思います。

特別な配慮を要する子供の居場所をつくりたかった

現在の学校においては、どの学級においても特別な配慮を要する子供が一定数います。そのため、特別なニーズに応えられる個別対応を充実することが大切なのですが、着任当初は集団の規律や秩序を取り戻すのに手一杯で、特別な配慮を要する子供たちの居場所をつくるには至っていませんでした。実際、通級指導学級「あおぞら教室」では、子供一人に対して週に一コマか二コマ程度の支援の時間しか確保できず、それ以外の大部分の時間は通常学級で過ごすしかありませんでした。

そこで私は、「プロジェクト4」の場で「通常学級以外に、子供たちがいつでも利用できるようなシェルターとして『校内寺子屋』を設置できないか」と話をもちかけました。しかし、校内で対応できる組織的な余裕はなく、そうかといって外部人材を雇う予算もなく、手つかずのまま時間だけが過ぎていきました。

ある日のことです。本校の近くで新たに開設した「放課後デイサービス」を運営している会社の社長が、挨拶のために来校してきました。私が着任三年目のときです。

私はこの機を逃さず、「校内寺子屋」への思いを熱く語ったのです。すると、社長は「採算度外視で協力したい」と即答してくれました。一瞬、耳を疑いましたが、社長のお子さんに障害があったこともあり、本校の考えに深く共感してもらえたのです。

その後、社長と打ち合わせを重ねながら「校内寺子屋」の輪郭をつくっていくのと並行して、通級指導教室に在籍する子供たちの保護者にも個別に連絡を取り、取組への理解を得ていきました。

「校内寺子屋」の事業スキームはおよそ次のとおりです。

●保護者は、学校を介さず会社に直接依頼する。
●学校は、当会社からの申し入れを受け、学校施設（教室）の目的外使用を許可する（学校施設令第三条第一項第二号、学教法第百三十七条）。
●会社は、依頼した保護者の代理人として専門スタッフを学校に派遣する。
●専門スタッフは、割り当てられた特別支援教室で子供たちの支援を行う。

さまざまな協議を経て、着任四年目にようやく「校内寺子屋」が動きはじめました。

ただ、この取組に対しては、法令上問題がなくても「特定の民間企業への利益供与になるのではないか」「経済力のある家庭だけが利用できる取組は、公教育にそぐわないのではないか」といった誤解や批判が起きることも懸念されました。そのため大々的に宣伝することなく、できるだけそっと、静かに始めることにしました。

実際にスタートさせてみると、不登校傾向にあったある子供はこの教室利用をとても喜び、毎日のように登校してくるようになりました。保護者からは「『にじいろ教室』と名付けてはどうか」と提案をもらったくらいです。

官民連携は国が推し進める重要施策の一つでもありますから、民間企業の協力と保護者の理解を得て実現した「校内寺子屋」も、趣旨としては合致するのではないかと考えていました。しかしこの取組も、残念ながら白紙になってしまいます。

この取組に対して疑問を呈する電話が教育委員会に入ったことが事の発端です。スタートしてからわずか数週間後のことでした。匿名の保護者からの電話だったとのことですが、本当に保護者だったのかどうか詳細は不明です。教育委員会との協議の末、残念ながら「校内寺子屋」を閉じざるを得なくなりました。

前述した不登校傾向にあった子供は、その後まったく学校に来られなくなってしまいました。二次障害がさらにひどくなった子供もいます。

いったい誰に迷惑をかけたというのか、ほかに方法はなかったのか…さまざまな思いが交錯し、必死で心の整理を付けた出来事となりました。

学校から発信する文書を精査し、保護者の信頼を損なわないようにする

保護者は学校から出される手紙や文書を毎日のように目にしています。そこに書かれている文章に、もし誤字脱字が多かったり、わかりにくかったりすれば、〝この学校の先生に子供を任せていいて、本当に大丈夫だろうか〟と保護者を不安にさせてしまうことでしょう。信頼までも損な

ってしまうかもしれません。

それともう一つ挙げたいのが、表記のゆれです。

ある教員が作成した文書と、他の教員が作成した文書で表記が統一されていなければ、〝ちゃんと組織的な決裁を得てから配付しているだろうか〟といった懸念をもたれる可能性があります。私にしたところで、文書を作成する指導主事によって文字の大きさや表記がバラバラな通知を受け取るようなことがあれば、〝教育委員会は、組織としてちゃんと内容を確認しているのだろうか〟と疑ってしまうことでしょう。保護者も同じだと思うのです。

そこで、着任して間もない頃のことですが、この点に力を入れることにしました。先生方に対して「手紙や文書の表記は、常用漢字を基準とすること」と指示したのです。

「常用漢字」であれば、誰もが読み書きでき、書かれた表記が正しいか確認できます。基準とするにはうってつけですし、「常用漢字」の教育を受けてきた先生方であれば取り組みやすいと考えたのです（本書に関しては、組織的に作成する公文書ではありませんから、この基準を当てはめていません）。

ところが、それほど簡単な話ではありませんでした。この常用漢字を基準とする表記の統一は、想像以上にハードルが高かったのです。

常用漢字では、「こども」「子ども」ではなく、「子供」と書きます。「あいさつ」も「挨拶」と書きます。「こんな」「どんな」は話し言葉（口語）です。公式な文書では「このような」「どのような」と表記する必要があります。こうしたことがまったくといってよいほど徹底されなかったのです。さらに、学校としてのオフィシャルな文書も、私の決裁を経ずに教員個人の判断で各家庭に配付してしまうこともありました。

私の指示が参考程度にしか受け取られなかったからか、決裁文書を確認する組織ラインが機能していなかったからか、「常用漢字」への先生方の理解が足らなかったからか、その原因は定かではありません。ただ、どのような理由にせよ、どうしても看過できないことがありました。それは、先生方の文章力です。

教員になるくらいですから、先生方はみな子供の頃、真面目に漢字の書き取り練習をしてきたはずです。国語の授業を行うくらいですから、漢字一字一字への理解は確かなものです。しかし、「常用漢字」を適切に使いながらわかりやすく、読みやすい文章を書くことには慣れていなかったようなのです。

些細なことかもしれませんが、文章力は教員にとって欠かせない能力の一つだと思います。なぜなら、文章を書く能力とは、物事を想像する能力であり、多面的・多角的に思考する能力であり、他者をおもんぱかる能力だからです。いずれも子供たちを育てるために欠かせません。

そこで私は先生方がまとめた文書に粘り強く赤を入れて戻していましたが、私の赤ペンのインクだけが空しく減っていく日々です。しかし、打ち合わせの折にも口頭で繰り返し指導し続けたことで、少しずつではありますが、現在ではようやく改善されてきました。

苦情ゼロを目指すべきではない

ここではまず、これまでに保護者から寄せられた要望や苦情の一部を紹介します。

●家で子供が荒れてしまっているのは、学校に責任がある、学校で子供がストレスを抱えているから、どうにかしてもらいたい。

●新しい学級になって、仲よしの友達と離れてしまった。子供が学校に行きたくないと言っている。クラス替えをやり直すべきではないか。

●音楽会「ミュージック・フェスティバル」の舞台で、どうしてうちの子が二列目なのか。保護者がよく見える一列目に変えてもらいたい。

●うちの子が友達を殴るには理由があったはず。一方的にうちの子だけを叱るとはどういうことか。

●席替えした席が気に入らないと子供が言っている。うちの子だけ席を移動させてほしい。

●家庭内でストレスを発散させているから、子供は学校でおとなしくしているのだ。「学校ではいい子です」と気安く言わないでほしい。

●家族が休んでいる土曜日に、子供だけが学校に行くのはいかがなものか。土曜授業をやめてほしい。

●クラスでインフルエンザが流行（はや）ったからと言って、子供たちにマスクを着用しろとは人権侵害ではないか。子供にマスクの着用を求めるのであれば、法的な根拠を示してもらいたい。

●ほかの子にも暴力行為があると聞いている。どうしてうちの子だけを指導するのか。

●校外学習の写真で、うちの子が写っていない。どういうことか。

●こんなに寒い日なのに、半袖で体育をするとはどういうことか。

●うちの子が友達を殴ったくらいで、いちいち家庭に連絡しないでほしい。学校で起きたことは学校で解決してほしい。家庭を巻き込まないようにしてもらいたい。

●子供が授業中にごみを捨てに行っただけなのに、先生に「勝手に立ち歩くな」と怒られた。あまりにも一方的だ。

●子供が頭をぶつけたのに、保健室で頭を冷やすだけの処置とは何事だ。何かあったらどうするのか。

●通知表で算数の成績が納得できない。たとえテストの点数が悪くても、子供が頑張っているのだから「A」を付けてもらいたい。

学校を立て直すためにさまざまな改革を進めてきた本校ですが、それでもなお苦情を言い立てる保護者は一定数います。以前に比べれば少なくなりましたが、ゼロにはなりません。

私はそれでよいと考えています。むしろ「苦情ゼロを目指してはいけない」とさえ考えています。なぜなら、苦情がない学校がいい学校であるはずがないからです。苦情や要望を真摯に受け止め、学校改革に生かしていくことが重要なのです。

本当にもし、**学校に対して一切の苦情がないのだとすれば、そこには「言いたいことを公然と口にできない何かの力」が働いている可能性がある**と私は考えます。その力は、学校への保護者の過度の配慮かもしれませんし、口にすることで我が子が不利益を被るのではないかという不安感かもしれません。いずれにしても私は、そのような状況を健全だとは思いません。

そもそも、親なら誰であれ、ときとして苦情や要望を言いたくなるものです。子供のことを思えば自然なことです。むしろ何も言われないほうがこわい。負の感情を内に秘めているかもしれないからです。以前、「わが子を人質に取られている」と口にした保護者がいたくらいですから。

こうしたことから、苦情ゼロを目指すのではなく、どのような些細なことでも気軽に連絡してもらえる関係性を築くことこそ重要だと考えています。学校の実情をよく知らない教育委員会や議員に対してではなく、学校に直接要望や苦情を伝えもらえる関係であれば、問題もこじれにくくなるのです。

以前は、どう考えても実現不可能な要望であったり、ただただ自分の不満をぶつけたいばかりの苦情もありましたが、そうした要望や苦情は影を潜め、建設的な話し合いができる要望や苦情を寄せてもらえるようになったように思います。

終　章

改革は日本橋小に何をもたらしたのか

日本橋小はどのような学校だと見られるようになったのか

しばらくぶりにネット掲示板を覗いてみたところ、ずいぶんと様相が変わっていることに気付きました。一部を紹介します。

「教育委員会から来た校長になって、学校がよくなりました。宿題の廃止、休み時間の延長、休日の休日の間を休みにして連休にする、担任が入れ替わって授業をする交換授業、幼稚園との交流、地域のことを積極的に授業に取り入れている、文部科学省などの研究指定校を受けている等々、とても特色ある教育活動に取り組んでいます」

「子供たちが毎朝楽しそうに登校している姿が印象的。きっと学校が大好きなのでしょう。また、どの学年も地域のことを積極的に授業に取り入れている。宿題がないので親も子も助かっている。若い先生が多いが、いつも子供に向き合い、頑張っている様子。時々、歩き回ってしまう子もいるようですが、先生や校長がしっかりと対応しているので、いわゆる荒れている学級はない」

［引用元］https://www.minkou.jp/primary/school/review/30006/

「数年前の荒れ方は確かに酷かったのですが、以前のいい意味でののびのびした校風に戻ったようです。二年前に赴任した校長が色々な取り組みをチャレンジしてくださっています。休み時間の延長、一律の宿題の廃止、連休中日の休み推奨、朝勉強時間などなど。根底に『子どもは楽しければ自ら学ぶもので、大人はその手助け』という信念がある気がします」

「校長が変わってから、色々な新しいことをすぐに取り入れてくれるようになりました。よい意味でおおらかです。荒れていた学年も見違えるように雰囲気がよくなりました。これから入学される方、心配されなくて大丈夫ですよ」

[引用元] https://school-navi.org/elementary-school/report/4453#comment-2941

ネットの書き込みで一喜一憂するのもどうかと思いますが、本書の冒頭で取り上げた書き込みとは打って変わり、〝ずいぶんと変わったものだ〟と感慨深いものがあります。

ほかにも、校医から、このような言葉をかけてもらったことがあります。

「日本橋小学校の子供たちは、本当に素敵ですね。明るく伸び伸びとしています。他の学校を知っているので、余計にそう感じます。私の子供も日本橋小学校に通わせたかったです」

各学校を回って指導しているメンターティーチャーにも同様のことを言われたことがあります。また、視察に訪れた大学生は、視察後の「報告書」に「職員室の雰囲気が和気藹々としていて、全員で『日本橋小学校』をつくっている様子が見受けられました」「教員の安心感と納得感が、結果として精神的なゆとりを生み出している。教員が生き生きと働き、楽しい授業を行う、子供

資料　日本橋幼稚園からの就学率

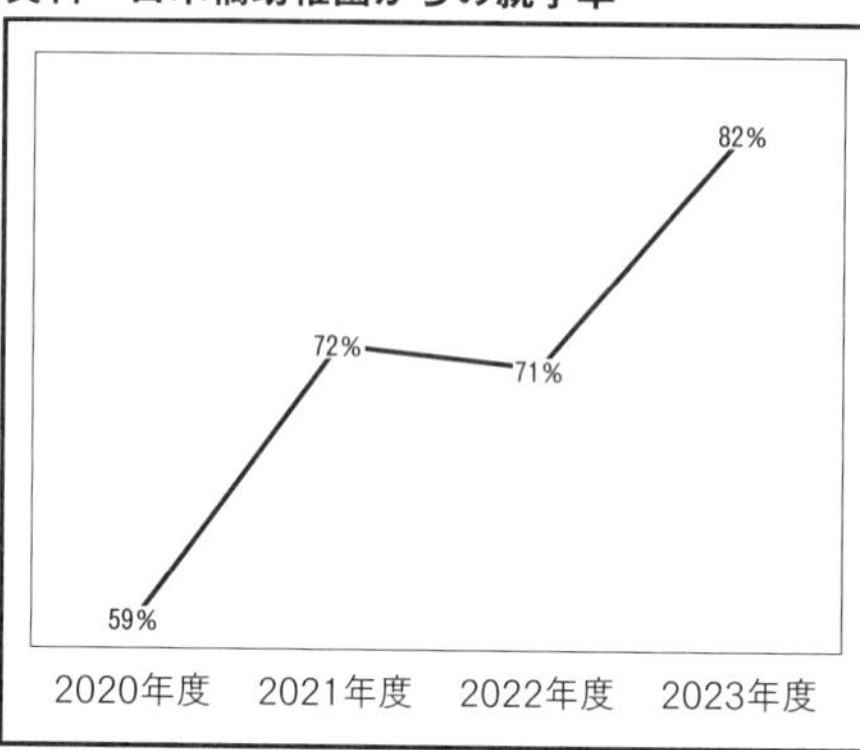

たちが学校生活を楽しみにする、というよいスパイラルが日本橋小学校に生まれていた」といったことを記述していました。社交辞令だったとしても、ありがたいコメントです。

資料は、私が園長を兼務している日本橋幼稚園を卒園した園児の家庭が、日本橋小学校を就学先に選んだ割合を示すグラフです。学区域外に住んでいたり、私立小学校を受験したりする園児も一定数いるので、就学率が一〇〇%には至らないものの、私の着任前は五〇%台だった就学率が、三年後には八〇%を越えるまでになりました。

日本橋小学校と日本橋幼稚園は同じ敷地にある併設校です。そのため、子供を幼稚園に通わせている保護者は、小学校の様子をよく見ていますから、「今の日本橋小なら、我が子を通わせてもいい」という無言のメッセージだと受け止めることもできます。

学校改革は「凡事徹底」

二〇二四年度の人事異動では、在任年数が上限に達した教員や昇任する教員以外、他の学校への異動を希望する教員は一人も現れませんでした。これも、学校が再生され、先生方にとって居心地がよく、やりがいのある職場になった一つのバロメーターだと言えるかもしれません。

私はよく「児玉校長は改革派ですね」と言われることがあります。周囲からそう見えるのでしょうけど、私にはその自覚がありません。「目の前の子供や保護者の実態、地域の特性を踏まえた取組を考え、実行に移す」ことに徹しているだけですから。もし仮に平和で落ち着いた学校に着任していたとしたら、「児玉先生は保守派ですね」とか「何もしない校長先生ですね」などと言われていたかもしれません。

教員が子供たちと向き合える環境を整えることは、校長職としての不易です。学校が荒れているかどうかとは無関係です。**目の前の子供や保護者の実態、地域の特性を踏まえ、校長としての不易の務めを果たすことこそ、真の「学校改革」につながる**のです。このように考えれば、日本橋小学校が取り組んできた学校改革のすべては、凡事徹底だったと言い換えることができると思います。

などと言いつつ、常に冷静沈着でいられたわけでは、まったくありません。周囲の先生方、子供たち、保護者に気付かれないようにはしていましたが、内心は常に焦燥感の嵐が吹き荒れていました。眠れない夜が続いたこともあります。

どの取組をどの程度進めるべきか、先生方にはどのタイミングでどのように指示を出すべきか、保護者への対応をどうすべきか、あの学級のほころびをどのように修復すべきかと、真夜中でも目が覚めてしまうのです。

ある程度、再生の見通しがつき、日本橋小学校が落ち着いたと感じられる段階に至ってもなお、「再び崩壊させてはいけない」「ひとたび崩れはじめたらあっという間だ」という気持ちがついて回りました。実のところ自身の恐怖心を振り払えなかったのです。

私の尊敬する先輩校長が、かつてこのようなことを言っていました。

「私は定年を迎えた後、校長として引き続き再任用を受けたいとは思わないな。心身がもたないよ」と。

その言葉が何を意味するか、今では私にもわかるような気がします。

校長に必要な資質・能力などたくさん挙げられるのでしょうけど、一番重要なのは「校長としての覚悟」なのだろうと思います。

改革の覚悟

ちなみに私の業績評価は、最下位です。この自分の評価を知ったときは正直驚き、落胆しましたが、落ち着いて考えてみると、〝致し方ないな〟と思うようになりました。なぜなら、本校を改革するために行った大胆な取組は副反応も大きく、教育委員会の方針と調整が必要なものばかりだったからです。結果オーライという単純なことではありませんでした。

学校を取り巻く教育環境は驚くほど保守的です。保身的と言っても言い過ぎではないかもしれません。口では声高らかに「働き方改革を！」「特色ある教育を！」と謳っていながら、本当に改革しそうになると、たちまちアレルギー反応が起き、「まさか、そこまでやるつもりなのか」と、出る杭として打たれてしまうこともあるからです。

ある校長からは、「児玉校長の次に着任した校長が困る面倒な改革ですね」と言われたこともあります。つまり、**学校では、よりよくしようと改革に取り組み、トライアル&エラーを繰り返すよりも、粛々と前例を踏襲しているほうが評価されるということも起き得る**ということです。

もちろん、無用なもめごとにならないように努める必要はありますが、改革には摩擦が付きもの。殊に学校で、波風を立たせることなく短期間で改革を断行することは、ほぼ不可能に等しいのです。

そのような意味でも、校長が意を決し、腹を据えて臨めるかが「学校改革」の成否を分けるのです。事なかれ主義とは言わないまでも、「和をもって尊し」を信条とする方であれば、最初から学校を改革しようなどとは思わないほうがいいとさえ私は考えています。

学校は利害関係が複雑な職場

「経営の神様」とも称されるピーター・ドラッカーは、著書の中で学校などの非営利団体の経営は、民間企業の経営よりも遥かに難しいと述べています。その理由は、利害関係者（ステークホルダー）の多様性にあると言います。

市場経済における利害関係者は比較的シンプルです。業種・業態にもよると思いますが、主に雇い主、従業員、取引先、顧客の四者です。民間企業は「できるだけ安く商品をつくり（仕入れ）、できるだけ高く売って利益を最大化したい」、顧客は「よりよいものをできるだけ安く買いたい」この利害が相反する両者の妥協点が価格であり、それが適正でさえあれば利害関係者間にコンフリクトは起きません。

それに対して公立学校（非営利団体）は、そうはいきません。教員、子供、保護者、教育委員会、地域社会など多岐にわたるだけでなく、各利害関係者が望む利害がきわめて多様だからです。子供の自主性に委ねたい教員もいれば、規律正しくしたい教員もいます。学力を重視する保護者もいれば、トラブルなく過ごせればよいと考える保護者もいます。教育委員会も、自治体によって方針がさまざまです。子供にいたっては、その数だけ利害が異なるといっても過言ではありません。つまり学校が、すべての利害関係者の利害を一致させることなど到底不可能だということです。

また、学校経営という言葉が教育界にもち込まれるようになって四半世紀以上もの月日が流れましたが、学校のトップである校長を経営者と称するのには無理があります。経営者が当然もっている人事権や予算権といった権能がないからです。つまり、今も昔も変わらず校長は、学校の運営を託された管理者、現場監督以上の何者でもないのです。

そうした校長が学校を改革するというとき、求められる能力は相当なものだと私は考えています。自分の意向を汲める優秀な人材を集めて事に当たらせることができない以上、今ある人材を育て、生かすことが必要だからです。

経営は「他者を通して事を成す（get things done through others）」とも言います。本校の学校改革もまた同じ。さまざまな取組を通じて育った教員一人一人が主体性をもってアクションを起こしたからこそ、改革が成し遂げられたのです。

元の木阿弥にしない

いかなる改革も、成し遂げるよりも改革した状況を継続・継承するほうが難しいと言います。ましてて公立学校の場合には、およそ数年単位で人事異動がありますから、その難易度は高いのです。

よく「校長が替われば、学校が変わる」などと言いますが、これはよい方向にも悪い方向にも変わるという言葉ですし、校長に限ったことではなく、学校の番頭よろしく務めていた教務主任が異動した途端に、あるいは研究を推進してくれた研究主任が異動した途端に…ということが、当たり前のことのように起きる職場です。それは避けられないことですし、致し方ないことでもあります。
しかし、「何を大切にしなければならないか」「もしそれが大切にされていないのだとしたら、何をすべきか」といった理念さえ根付いていれば自浄作用が働き、どのような取組も形骸化する前に、姿形を変えながらよりよいものにしてけるのではないでしょうか。
最後に紹介するのは、日本橋小学校の学校改革を全面的に支えていただいた当時の副校長・髙橋先生からの寄稿です。

〈寄稿〉

令和三年四月。副校長に昇任し、教育庁総務部教育政策課長など、長く行政を経験された校長の下に着任しました。「どのような学校経営をするのだろうか」校長の学校経営の柱を理解しようと、これまで校長が作成した資料を事前に何度も読み返しました。日本橋小学校…ネット上の書き込みには、児童の荒れの情報ばかり…。それでも、不安より期待のほうが大きかったです。
着任してからの時間は、本当にあっという間に過ぎていきました。児玉大祐校長が日本橋小学校で取り組んできた学校改革について、次の三つの視点から振り返ってみたいと思います。

第一のキーワードは、「授業の改善」と「暴力妨害の阻止」

常に校長の課題意識（学校改革）の中心でした。「問い」と「振り返り」のある学習スタイル。子供の「なぜだろう」「どうしてだろう」という疑問を出発点にした授業。先生方にとってはこれが意外と難しいことです。日本橋小の子供の特性をよく理解した上で授業を組み立てる必要性を、校長は常に先生方に問い続けていました。

「授業改善に向けた研修や研究は、教員の一丁目一番地」を口癖のように言っていたことも印象的です。授業観察を毎日欠かさずに行い、授業者にフィードバックしていました。とにかく凄い。先生方の授業をよく見ています。授業を見て語ることで、厳しい指摘も先生方に受け入れられていたと感じます。管理職として、これは絶対に真似しないといけない。簡単にはできませんが…。

いよいよ全国大会の年。これまで積み重ねてきた授業改善の取組が、多くの講師の方々に価値付けられ、先生方の自信につながっていきます。子供たちが主体的に学ぶ。主体的に活動する。都小社の先生方をはじめ、たくさんの講師の方々に教えていただいたことが、社会科以外の教科や特別活動にも影響し始めていました。子供たちがつくり上げる。子供たちの笑顔が大きく広がっていく。全国大会に向けて、日本橋小学校の授業が大きく変わっていった一年でした。

また、授業改善と同時に、授業を妨害する児童、暴力等の問題を起こす児童への指導も徹底していました。日本橋小学校では、「理由があっても暴力は許さない」と、保護者や児童、先生方にも伝え続けていました。世の中のあらゆる場面（ルールやマナー）を例に出し、それを学校の生活場面に置き換えることで、「確かに」と、誰もが納得しました。

それでも、子供なのだから、理由があれば多少の暴力を奮っても構わないと考える保護者がいます。担任と副校長が同席する面談を何度も行いました。できる限り副校長のところで決着できるように意識したのです。

食い止められないこともありました。しかし、校長が必ず最後の砦となってくれました。絶対的な信頼感がありました。怒り顔で校長室に入って行く保護者が、笑顔で出てくるのです。「児玉校長マジック」と私は呼んでいました。何度も見る光景。その秘訣を教えていただきました。

第二のキーワードは、「新型コロナウイルス」と「働き方改革」

新型コロナウイルスによって社会全体の価値観が変わる中で、既存の感覚にとらわれずにスクラップ&ビルドを行うこと。今まで当たり前のように行ってきたことに幾度となく疑問を呈し、時に教員や教育委員会と対峙する校長の姿を見てきました。明らかに周囲との感覚が違う校長でした。私がこれまで行ってきた教育について考えさせられる場面も多くあるほど一〇年先、二〇年先に進んでいるような感覚を受けました。

新型コロナウイルスによって人と関わる活動が制限される中にあって、いかにそれを好機と捉え、教育活動に変化をもたらしていくか。校長は常に、そのようなことを考えていたのではないでしょうか。私自身も、マインドチェンジをしながら、校長の思いを、副校長の言葉に変換して教職員に伝えることを心掛けてきました。

コロナ禍だったからこそできた「働き方改革」もたくさんありました。保護者や地域に働きかけ、コロナ前のように過剰な「学校サービス」に戻らないよう慎重に棚卸しを進めていく。子供たちと向き合う時間を確保するために、先生方にゆとりを確保する。改革するには大きなチャンス。スピード感の重視。時に、タイミングを逃すことがあると、「それじゃあ、気の抜けたビールだな」と。笑顔で厳しい言葉もありましたが、その笑顔が救いでもありました。

第三のキーワードは、「アフターコロナ」と「新しい学校文化の創出」

例えば、「宿題を廃止する」「休み時間を延長する」という新たな取組については、保護者も児童も大絶賛でした。日本橋という地域に住む保護者や児童の特性を見事に捉えていたのです。この発想は、一体どこから生まれてくるのでしょうか。多くの保護者や児童の心を掴み、学校への信頼も増していく。圧倒的な読書量なのか、これまでの経験なのか、児玉大祐校長という人間性なのか…。一緒に改革を進めていて実に楽しい時間でした。

「スポーツ・フェスティバルやミュージック・フェスティバルの定着」「ICT機器の活用（オンライン英会話・サブスク読書・学校ホームページの充実）」は、これから先、日本橋小学校が安定していくための要素がたくさん詰まっていました。課題を抱える他の学校にとってもヒントになることが多く含まれています。もし、私が校長になったときは、これらの取組を参考にしたいと思っています。

また、新しい学校文化の創出には、「組織を強くする」ことも必要です。

私は人事について自分の考えをたくさん校長に伝えていました。教員のモチベーションを低下させずに、一人一人の教員が本来もっている力を最大限に引き出すために…。いつもそう考えていました。

校長によく伝えたことは、先生方が陰でがんばっている姿や性格、特性などです。もちろん最後に判断するのは校長ですが、その判断に少しでも役立つようにと考えていました。誰と誰が一緒に組めば、どのような効果が期待できるか。組織編成のときは、パズルのような組み合わせを考え、分掌案を校長に伝えてきました。同時に、教員同士の間に入り、また、校長と教員の間に入り、さまざまな調整に努めることもありました。教員の笑顔が組織全体によい影響をもたらすと信じて。

日本橋小学校で児玉大祐校長と出会い、一緒に学校改革を進められたことは、私にとって一生の宝となりました。この経験を自校でも、また、これから出会うたくさんの先生方、児童、保護者にも伝え、実践し、教育の発展に尽力していきたいと思います。

元日本橋小学校副校長　髙橋　武士

そもそも課題のない学校などありません。例年どおりは退歩と変わりません。

これまで私が推し進めてきた学校改革もきっと、子供たちや先生方の実態に応じて、時とともに変化していくことでしょう。いえ、ぜひそうなっていってほしいと思います。何年か経つと宿題やワークテストも趣旨を一新し、意味のある取組として復活しているかもしれません。

しかし、具体的な取組は変わったとしても、**改革への「考え方」や、そこへ向かおうとする「精神」は本校の文化として、ぜひ根付いていってほしい**と願っています。

＊

本書の執筆にあたり、東洋館出版社の高木聡氏には、この場をお借りして感謝の意を伝えたいと思います。また、学校改革を一緒に進めてくれた教職員、理解と協力をいただいた保護者のみなさま、そして、ずっと本校と併走し、支援いただいた教育委員会にも改めて感謝申し上げます。

まだまだ語り尽くせていないこともありますが、最後までお読みいただき、誠にありがとうございました。日本橋小学校の再生の軌跡が、読者のみなさまの参考になりましたら最高の幸せです。

二〇二五年一月吉日　児玉 大祐

児玉 大祐

（こだま・だいすけ）

中央区立
日本橋小学校長

〈著者紹介〉小学校教諭として練馬区、豊島区、杉並区の公立小学校、在外教育施設（スペイン ラス・パルマス日本人学校）に勤務。その後、指導主事・統括指導主事として、国立市教育委員会、東京都多摩教育事務所等を経て、東京都青少年・治安対策本部青少年課長、東京都教職員研修センター企画課長、東京都教育庁指導部主任指導主事、同総務部教育政策課長等を歴任。この間、社会科教育を中心に、文部科学省「専門的作業等協力者（小学校社会）」や「カリキュラム・マネジメントの在り方に関する検討会議委員」として学習指導要領の改訂に関わるとともに、「教科用図書検定調査審議会委員」等も務める。

〈主な著書〉編集「小学校社会　板書で見る全単元・全時間の授業の全て」（2020年、東洋館出版社）、共著「小学校新社会科の単元&授業モデル」（2018年、明治図書出版）、「社会科学習指導案文例集」（2018年、東洋館出版社）、「小学校新学習指導要領の展開　社会編」（2018年、明治図書出版）、ほか多数。

〈寄稿〉※五十音順（2025年1月現在）

石塚　晃子（いしづか・あきこ）　墨田区立中川小学校副校長

梅澤　梓（うめざわ・あずさ）　元日本橋小学校教諭

奥田　良英（おくだ・よしえ）　大島町立第一中学校主任教諭

齋藤　直子（さいとう・なおこ）　中央区立晴海西小学校主任教諭

髙橋　武士（たかはし・たけし）　中央区立佃島小学校副校長

古川　澪（ふるかわ・りょう）　日本橋小学校教諭

学校改革5つのアクション
日本橋小は、どのようにして
学校を再生したのか

2025（令和7）年2月10日　初版第1刷発行

著　者　児玉大祐
発行者　錦織圭之介
発行所　株式会社　東洋館出版社
〒101-0054　東京都千代田区神田錦町2-9-1
コンフォール安田ビル2階
代　表　TEL 03-6778-4343
営業部　TEL 03-6778-7278
振替　00180-7-96823
URL　https://www.toyokan.co.jp
装　幀　中濱健治
印刷·製本　藤原印刷株式会社

ISBN978-4-491-05737-8　Printed in Japan